豪雪と強風の贈り物

田村 正

はじめに

物心がついた頃の原体験に「冬の天空一杯、無数の鉛色の小片が、襲うように降り、ジーと見ていると恐怖を感じた。が、それが、背景が山や林、人家に変わると、瞬時に白に反転して安堵した」がある。私の故郷は、豪雪地の新潟の南魚沼郡。生まれは土樽村（現在の湯沢町）で、5歳の時に里の塩沢町（現在の南魚沼市）に引っ越し、町の中心より2キロ離れの田んぼに囲まれた集落で育った。当時は、まだ無雪道路はなく、冬は積もった雪を上から踏み固め作った道を「ツボ足で歩く」しか移動手段のない時代であった。

中学生になると、大人並みに扱われ、一冬に4回も5回もの二階屋根の雪下しや、二軒一組でおこなう隣町境までの国道の雪踏みの苦行も担わせられた。疑問は江戸時代の鈴木牧之の「北越雪譜」に描かれている雪国の生活と変わらないことだった。学校では十数人のスキー選抜に入れられ午後は授業免除で町のスキー場に追い出されて、大回転コースをスキーで雪踏みをしながら登って1本滑ったら日が暮れた。経済成長期にかかる時代で各町村は争ってスキー場をつくったが、地元の子供にはリフトに乗るお金は無かった。その時の同級生に、月曜の朝に山腹の家からスキーで降りてきて宿舎に入り、土曜日の午後に山に帰っていったスキーの名手がいた。また、踏み道のない集落間をスキーで廻っていた郵便配達人がいた。郵便局は町の中心にあり各集落は中心から放射状に分布していて、冬の集落間は往来がないため道踏みはされなかった。なので、徒歩なら中心経由の遠廻りとなるところをショートカットしていたのだ。このようにスキーを生活の一部に使っている姿を見て育った。そして教科書の植生の垂直分布と違う「巻機山」と出会い、その謎解きも関心事となった。

高校に進んで進路を探る段になり、「建築を学ぶ」のと「雪に苦しめられたのだから、トコトン雪を楽しもう」の思いが募り、経済的に学べ、山やスキーが出来そうな北大を選んだ。ところが60年安保反対騒動やアルバイトに気を取られて、山スキー部[注1]への入部を見逃してしまい1年遅れの入部となってしまった。が、卒部までの3年間、念願の北海道の雪山に飛び入り、闊歩することができた。当時のスキー板は、木製合板、締め具はカンダハー、クツは特注の革製の登山兼用靴だった。締め具のワイヤーは切れる欠点があり、スキー板もよく折れた。本格的山行には、予備ワイヤーと板ヘッドの応急手当用金物、さらに修理道具一式とテント、食料・燃料、ピッケル、アイゼンを加えると荷は軽く40キロを超えた。特に現在の

注1　山スキー部：1912年創設のスキー部が前身。競技スキーが盛んになるにつれ山班と競技班に分化・協調しながら、部活動を続けた。しかし目的の異なる班が一つの部を維持することが困難となり、64年に山スキー部と競技スキー部に別れて現在に至っている。

ような軽量なものが無かった冬用テントは、使う度に炊事や人体からの水蒸気を含んで凍って重量を増し、しかも嵩張るので閉口した。一方、夏は、道や小屋の無い日高の山がメインで、沢の登り降りの面白さや藪漕ぎの苦行、沢やカールの中の快適なテント泊を体験した。また、春と秋の食料の現地調達の山行もよかった。この部活動を通して愛唱歌「山の四季」[注2]で歌われているオールラウンド登山の基本を身に付けることができたと思う。

就職後は、近代登山の「人が山を征服する」考えにはなじめず、冬から春の山スキーと夏の沢が中心であったが、次第に巻機山のナゾ解きを求める軟派の登山者になっていた。そして巻機山のナゾが「豪雪と山の地形による」と整理ができてマンネリ登山に陥っていたところ、転機が訪れた。

まず、58歳で転職して仙台に居を移して本格的な山スキー再開の機会を得たこと、そしてそこで巻機山と似た多くの山と巡り会えたこと、さらには、60歳代初めに「偽高山帯」の文献に出会い、学問的裏付けを得て深度を深めて四季の山と向き合えたことである。現在、82歳となり、この過程で得た知見や醍醐味をまとめたのが本書である。

注2　1926年創部の山岳部で40年頃につくられた山の歌。四季の描写が見事で、途中で3拍子から2拍子に変わるメロディーも巧みで広く歌われている。わが愛唱歌のひとつ。

まず、雪山。豪雪と強風がもたらした日本の雪山は、世界的に稀で、かつ、悪天が続くので、一般の方々にはとっつき難いかも知れない。ところが一方、世界中からスキーを持って「日本の新雪・深雪」を求めて集まってくる。スキーは新雪・深雪の歩行や登高に適し、降りは重力を使って滑ることができるから、ひとつの用具で雪山を闊歩できるきわめて有用な用具なのだ。そこで、我々の「山スキー」からその醍醐味を知ってもらい、雪山に向き合ってもらえればと思う。

つぎに、樹林である。山登りは里山から入り、いろんな林を通って森林限界の上に出る。落葉の林は豪雪の影響の濃淡により同じ植生帯でも日本海側と太平洋側で大きく異なるし、芽吹き、春もみじ、新緑、深緑、紅葉、裸木と、その都度、表情を変えてくれる。また、常緑の林も捨てがたい。なので、「山は夏だけ」とか「林の通過を苦行の回避や時間節約の対象」と決めては、山のほんの一部と付き合うことになり、如何にも勿体ない。「森の上が山だ」や「ピークハンテングが山登りだ」と考えている方は、それから卒業して欲しい。

最後は、豪雪と強風のお陰で、小さな国なのに偽高山帯から高山帯に拡がる固有の景観と多様な高山植物の花が楽しめるエリアが広がっていることだ。花の詳細は図鑑に譲るとして、その出現や名の由来をもとにまとめてみたので、見方を変えて楽しんで頂きたい。

豪雪と強風の贈り物　目次

第一章　教科書と違う山

著者の故郷に、本来なら植生の垂直分布で亜高山帯の針葉樹林（オオシラビソ林[注1]）があるべきなのに、これを欠いて、ブナ林を抜けると、高木の無い高山帯になってしまう山がある。巻機山（１９６７メートル）[1-1]だ。前衛の標高１４００メートル弱の山は頂上までブナ林で、その奥に聳える巻機山は、ほぼその高さから上はネマガリダケや草原に覆われ、そして高層湿原が広がるのだ。近くの苗場山や尾瀬の山にはオオシラビソ林があり教科書通りだ。中学生だった１９５５年頃に不可解に思い、周囲に聞いても分からなかったので、行動力が増す社会人となって、その謎を追ってみた。選んだ所は南北に70キロの北アルプスの北東にあるパノラマ銀座[注2]から後立山連峰。冬に安曇野からその山並を眺めると、標高２５００メートルまでの黒く見えるオオシラビソ林の上端が常念岳付近から北に行くに従って次第に高度を下げ、鹿島槍ヶ岳付近から北では消えて、下部のブナ林より上部は白い雪山になってしまう。その延長に巻機山があるの

[1-1]巻機山

注１　雪に強いので本州の日本海側の亜高山帯の優占種。樹氷になることでも知られている。

注２　北アルプスの安曇野側の山並の愛称。主な山は蝶ヶ岳、常念岳、大天井岳、燕岳。後立山連峰は槍ヶ岳の北の烏帽子岳から日本海に至る山並をいい、爺岳、鹿島槍ヶ岳、五竜岳、白岳などがある。両者は安曇野からは南北に連続して見える。

ではと考えたためだ。ところが、燕《つばくろ》岳に登って確かめると、安曇野から白く見えていた部分は、葉が落ちたダケカンバ[注3]林でほぼ標高2500メートルのラインをキープしていた[1-2]のである。巻機山にはこんなダケカンバ林はない。一方、反対側の西斜面のオオシラビソ林は、ほぼ標高2500メートル近くまで存在していた。また、主稜線から東に離れてそびえる有明山（2268メートル）の西斜面がオオシラビソに覆われ、向かい合う主稜線の東斜面のダケカンバ林[1-3]からも、東西斜面の違いが明白で、風下と風上の積雪量の違いかと考えた。

次に主稜線の北部にある大きな三本の尾根（遠見尾根、八方尾根、そして白馬岳から小蓮華山を経て栂池[注4]高原に至る尾根）のオオシラビソとダケカンバを観察した。尾根の稜線上のオオシ

[1-2] 主稜線の東斜面

[1-3] 有明山の西斜面と、主稜線の東斜面（手前）

注3　亜高山帯の針葉樹林に混じる落葉高木。風雪に強い。

注4　ツガ（栂）はやや暖かい所の木で、その高山種のコメツガは雪に弱く、多雪地のこの地域に分布しない。しかし、この地では昔からオオシラビソをツガと呼び、明治期の営林署の書類にもそれに該当する記述が残っている。

ラビソは遠見尾根の小遠見山付近[1-4]と栂池高原付近に限られ、遠見尾根は申し訳程度の小さな林[1-4]、栂池は大きな林であった。

ダケカンバはオオシラビソの林には混在するがそこ以外は数を減らしていた。

尾根の斜面[1-5]では上部には両者とも殆ど認められず、谷底に近い下部の枝尾根や、やや傾斜が緩いところにしがみつくように散在していること。ダケカンバがオオシラビソより上まで存在し矮小化していることが分かった。これらより、オオシラビソは、急峻な山の中で地形が例外的に緩くなっている所、若しくは雪崩が避けられる局所に限られていることが見て取れた。

更に鹿島槍ヶ岳から白馬岳に至る主稜線の東面は、主稜線から鋭く切れ落ちる名高い雪食地形のため、オオシラビソ、ダケカンバ共に存在感は乏しく、パノラマ銀座で見られた様子[1-2]と著しく異なっていた。以上から両者の存在は、積雪量の差の他に、樹木の生育を妨げる雪崩をプラスするのが妥当と考えるに至った。

最後に白馬岳以北の主稜線のオオシラビソを追うと、鉢ヶ岳の

[1-4]遠見尾根の小遠見付近

[1-5]八方尾根の下部

南の鞍部に僅かに存在[1-6]し、雪倉岳付近ではいったん消えて、その北4キロ余りの朝日岳（2418メートル）で再現する。これは朝日岳が穏やかな山容であるので、これまでの考えを補強できた。

同時にブナ林の上が直ちに高山帯となる巻機山のような山が、近くの丹後山、越後三山、谷川連峰をはじめ、東北の飯豊連峰や鳥海山[1-7]、岩木山など多数あること、そして、これらの近くにある妙高の山や黒姫山、苗場山、平が岳、西吾妻山、蔵王、森吉山、八幡平[1-8]、八甲田山などには、オオシラビソ林があることも確認できた。両者の差は、「山の険しさ加減と積雪の差で決まる」と考えると、大方の説明がつくが、パノラマ銀座の西斜面で上部まであったオオシラビソ林が後立山の西斜面では殆どなくダケカンバに替わっていること、巻機山のようにダケカンバが無い山から多い山まで濃淡があること、同じ山で急斜面のダケカンバがまばらで大

［1-7］鳥海山

［1-8］八幡平

［1-6］鞍部のオオシラビソ

木・奇形[1-9]となるのに緩斜面では樹形が整い幼樹を伴う密集林[1-10]になどに出会い、すっきりしない部分も残ったままであった。

　ところが、不可解に思ってから50年近くも経った2000年頃、巻機山のような山は、「豪雪と強風による頻発雪崩が亜高山帯の針葉樹を消失させた結果である」ことを文献で知り、その植生帯を「偽高山帯[1-11]と名がつけられていたことに辿りつけて

[1-9]急斜面のダケカンバ林

[1-10]緩斜面のダケカンバ林

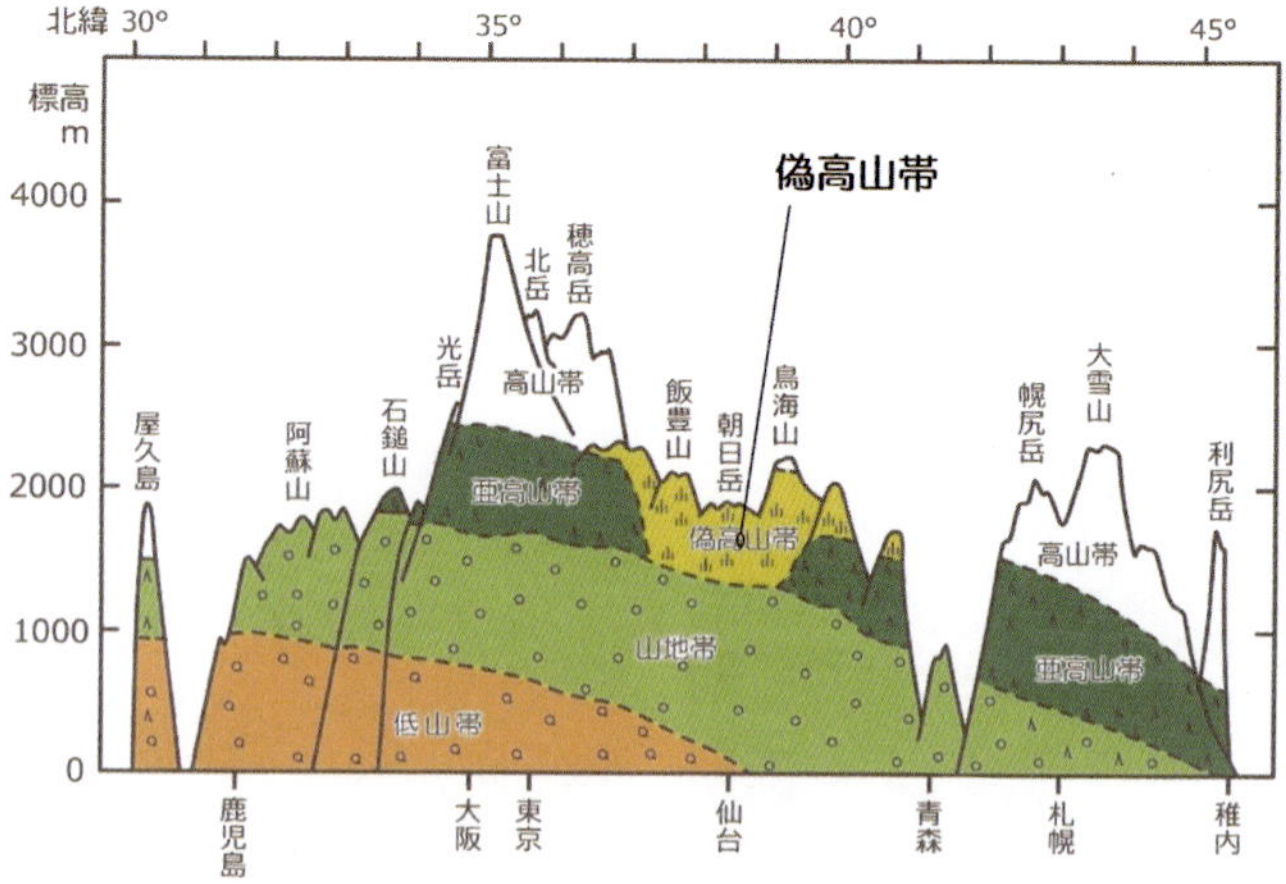

[1-11]偽高山帯を含む樹林の垂直分布（引用・A）

驚いた。著者が疑問に思っていたのと、ほぼ同じ時期に、疑問を持って研究していた方々がいたのである。偽高山帯の文献の趣旨は、豪雪と強風に見舞われる険しい地形の山では雪崩が頻発するために多雪に強いオオシラビソさえも生育が妨げられること、雪が吹溜る東面の急斜面では、雪崩により対応力があるダケカンバも例外でないというものであった。これにより東西斜面の違いは説明でき、積雪の多さと雪崩頻発に焦点をあわせれば、後立山連峰の黒部上流の風上斜面にオオシラビソ林が見当たらないこと、急斜面のダケカンバは、雪崩で間引かれてまばらとなり、大木・奇形にまで成長すると考えれば、不可解な点のほとんどが説明できた。

　ここで、冬の巻機山と八方尾根に標高１４００メートルのラインを入れた写真[1-12]と[1-13]を並べる。標高１４００メートルは巻機山で確認したブナ林の上限ラインである。[1-13]の上部が標高２０００メートルの八方山、下部が標高９００メートルで中間が標高１４００メートルであるから、両者は似た高さでの比較である。巻機山はブナ林が森林限界まで分布し、その上には樹木は殆どみとめられない。八方尾根は対面する遠見尾根や北

[1-12] 巻機山

[1-13] 八方尾根下部

の猿倉では標高1500メートル近くまでブナ林が分布する地域なのに、ここではブナは全く認められず、亜高山樹木すら分布が限定的だ。これは地形の厳しさによる雪崩の頻度の違いによるものだろう。

標高1400メートルラインから上部は両者とも似た景観だが、八方尾根には僅かにダケカンバが認められる。それも雪崩が避けられる枝尾根の頂部か雪崩が少なそうな斜面にしがみついている。そして偽高山帯の巻機山にはない。同じ偽高山帯の鳥海山にはブナ林の上部に結構、ダケカンバの高木林があるが、やや例外的のように思う。

最後に従来の樹林分布[1-14]を示す。

また、偽高山帯の研究の推移[注5]を紹介する。

注5　偽高山帯のその後の研究の概要：小泉武栄の

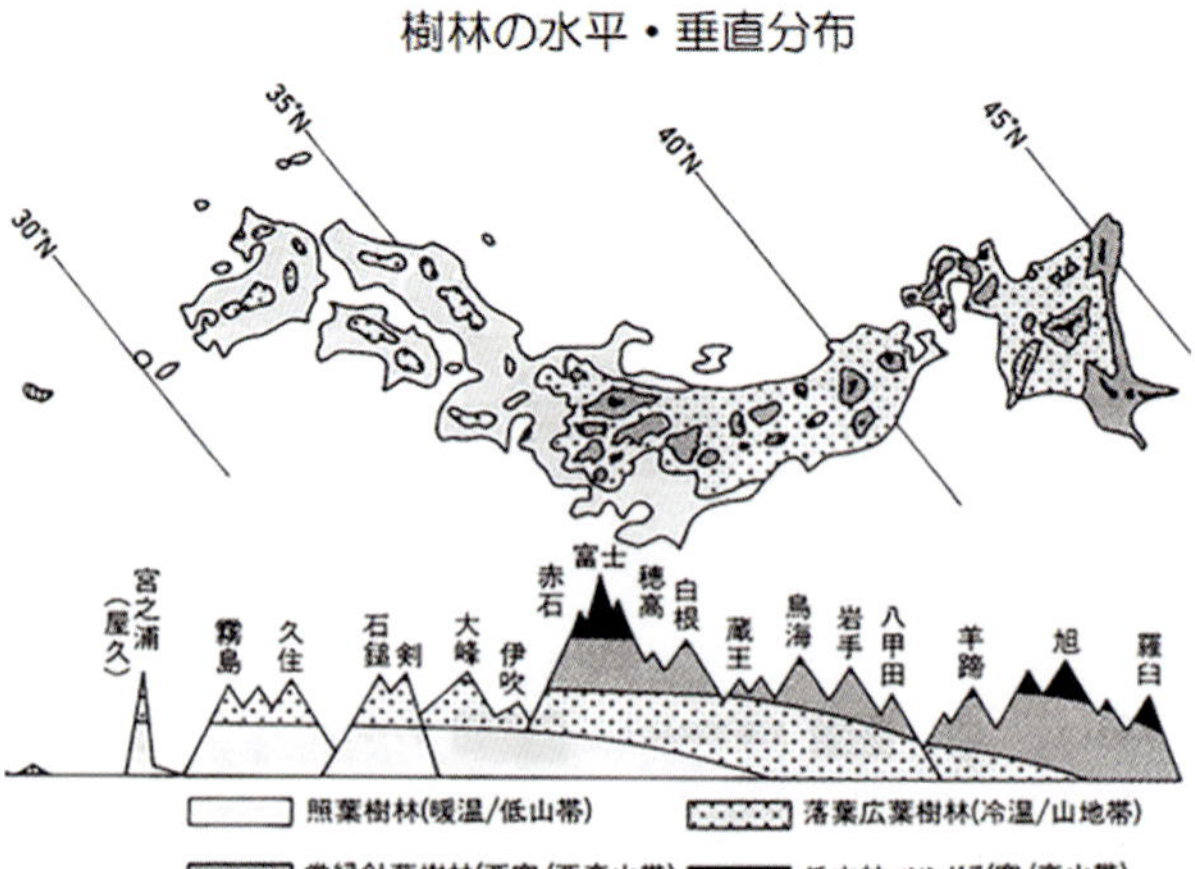

[1-14] 樹林の水平・垂直分布（引用・B）

「東北南部の山々」への寄稿より引用。

飯豊や朝日岳、鳥海山、月山など、日本海側多雪山地では、亜高山針葉樹林帯が欠如し、代わりにイネ科草原やお花畑、笹、あるいはミヤマナラ（ミズナラの変種）、ミヤマハンノキなどの低木が優占する現象が知られており、景観上、高山帯によく似ていることから「偽（ぎ）高山帯」と呼ばれてきた。

この偽高山帯の成因については、かって単純に多雪が原因とされていたが、近年、興味深い説がいくつか提案され、学説の興亡があった。それを簡略に説明すると次のようになる。

議論のきっかけとなったのは、梶（１９８２年）の研究である。彼は現在海抜１６００㍍付近にあるブナ林の上限が、温暖な縄文時代には２０００ｍくらいまで上昇し、そのためそれより低い山では亜高山針葉樹林はブナ林に追い出されてしまったと考えた。その後、気温の低下でブナ林は低下したが、いったん消滅した亜高山針葉樹林はもはや回復できず、跡地が結局、偽高山帯になったというものである。この説は偽高山帯の分布をたいへんよく説明できるため、多くの支持を受け、林学会賞も受けた。

しかし、古環境の研究が進み、９０００年前から４０００年前までの間、わが国では亜高山針葉樹林が消滅してしまっていたことが判明した。現在のシラビソ、オオシラビソの林は４０００年前頃にようやく成立した可能性が高くなった。この学説により評判の高かった梶の説はご破算となった。

梶に代わる説を立てたのが、杉田（１９９１年）である。その説は次のようである。氷河時代には乾燥した気候の下で、トウヒやヒメバラモミなどのトウヒ属の樹林が繁栄していた。しかしこれらの樹木は後氷期の多雪化によって衰退し、その結果、亜高山帯の針葉樹林はいったんほぼ全滅した。その後、４０００年ほど前に至って亜高山針葉樹林はシラビソなどモミ属の樹木を中心に復活したが、日本海側の多雪山地ではこれがなかなかうまくゆかず、多雪化した気候に適応したオオシラビソが拡大しえた山地でのみ亜高山針葉樹林が成立した。オオシラビソが拡大できなかったところは針葉樹が欠如したまま残り、そこが偽高山帯になった。

この説は梶の説ほど簡明ではないが、偽高山帯の成立過程を解き明かす上で、現在はもっとも優れた説とみなされている。

第一章　豪雪と強風がもたらしたもの

・偽高山帯

豪雪は、著者が育った新潟の山間部だけの話ではない。２００万都市の札幌の中心地の平均積雪深は70センチ、30万都市の青森市で1メートルである。人が生活する都会の街の中心地で、玄関扉をあけたら除雪が必要となるところは、そもそも世界的に稀なのである。日本海側の山の風下の南東側の積雪深は10メートルにもなり、沢筋や吹き溜りでは30メートルにも達する。

この世界で稀な日本の豪雪は、そんなに古くからの話ではない。日本は、最終氷期が終わってから1万5千年前までは、中国東北部や朝鮮半島のように、冬は寒く、乾燥した国だったようだ。豪雪をもたらす現在の気象となったのは、海面上昇によって暖流・対馬海流が、日本海に流入したためだ。８０００年前のことである。これに伴い冬の大陸からの冷たい気流に、温かい日本海から供給される大量の水蒸気が、豪雪の元（原因）となったのである。それに世界一の冬の強風である。標高約３０００メートル（７００ヘクストパスカル面）の1月の風速分布図[2-1]をご覧頂きたい。このために日本海側のスキー場のリフトやロープウェイは標高１５００メートル程までしか営業運転できない一方、日本よりも高緯度のヨーロッパのスキー場の索道は３０００メートルを超えても運転しており、そこのレストランでは、防風スクリーン付のテラスでスキー客が食事や日向ぼっこをして楽しんでいるのである。

この日本の豪雪と強風がもたらす頻発雪崩が、亜高山帯針葉樹の中で、多雪地に適応力のあるオオシラビソはおろか、更に雪に強い広葉落葉樹のダケカンバの生育さえも妨げ、ブナ林を抜けると、即、偽高山帯となる山々を生み出したのである。山の植生垂直分布図をダルマ落しにたとえて、亜高山帯針葉樹林の輪を飛ばした偽高山帯のイメージ図[2-2]で説明すると判り易い。そこでは、ブナ帯林の上端が森林限界となって、その上部はネマガリダケや草原（お花畑）、ハイマツが占める偽高山帯になり、初夏まで雪が残る。

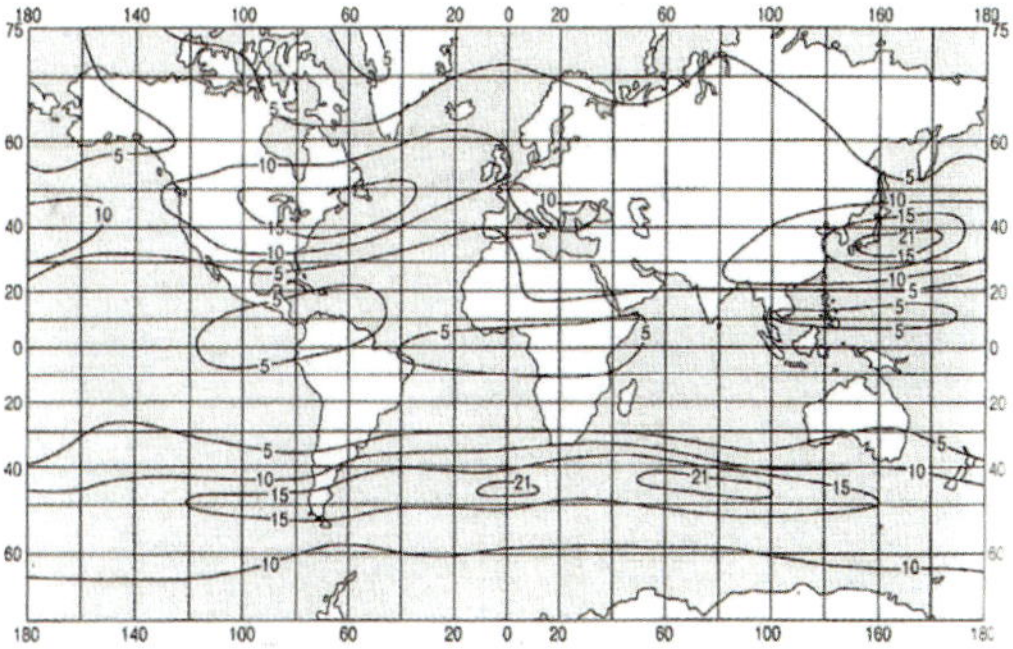

[2-1] 1月の高層風速図（引用・C）

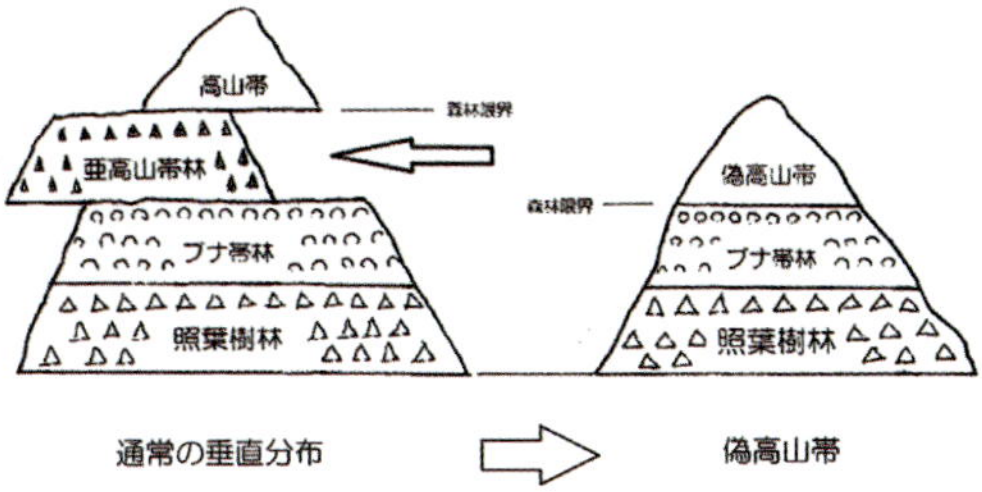

[2-2] 偽高山帯のイメージ図

・森の国

日本は、「森の国」とも呼ばれている。それはひとえに雨に恵まれているためである。雨は梅雨と秋霖、定期的にやってくる低気圧や前線、それに台風によるが、比較的雨の少ない日本海側においては、それだけでは不十分で豪雪がこれを補っているのである。著者の育った新潟の南魚沼市（標高１９０メートル）の平年の累積降雪量平均は、気象庁によると10メートルを超える。湿雪では「１センチの降雪量が１ミリの雨量に相当する」から、１０００ミリ以上の雨量になる。また千メートル以上の山地の積雪深を５メートル（標高千メートルのスキー場の積雪深さを参考）とすると、累積積雪量は乾雪で用いる6倍を用いて30メートルとなり、これによる降雨量換算は乾雪の「３センチの降雪量が１ミリの雨量に相当」するから、やはり１０００ミリの降水量となる。南魚沼市の平均年間降水量は約２２００ミリであるから、半分近くを雪による降水量で占めることになる。以上から、日本海側の豪雪は、国全体の年間降水量の平準化に大きく寄与し、国土全体を「森の国」にしてくれたといえよう。

その結果、国土の7割を森林が占める。この日本の森林率（国土面積に占める森林面積）を超える国は先進国ではフィンランドとスウェーデンのみとのことだが、地形や人口密度を考えると日本の特異性が分かる。

また、日本の植生の垂直分布は、平地で年間平均温度、13℃以上の本州中部以西では、カシ、ヒイラギに代表される常緑広葉樹林が、13℃以下の本州中部以北では、ブナに代表される落葉広葉樹林（以降、「ブナ帯の林」を使う）となり、さらにその上に、亜高山帯の針葉樹林若しくは偽高山帯、そして高山帯が続く豊かな植生も特徴である。

そして、面白いのは、豪雪の影響を受ける日本海側と豪雪の影響が少ない太平洋側の森林で、それを構成する樹木や野草の種類が異なることである。

加えて、戦後、盛んに植林されて森林全体の四割を占めるに至った人工林。本州では雪に弱いヒノキは福島県以南の太平洋側に、多雪地でも問題なく育つスギは全域に、高地にはカラマツが植えられた。また北海道ではトドマツとカラマツが多くを占める。

・高層湿原

豪雪は山の斜面のみでなく、山の平坦地においても局所的に樹木の生育を妨げて湿原を発達させている。上信越の日本海側の亜高山帯や偽高山帯には、霧ヶ峰や栂池高原、火打山、苗場山、尾瀬などに高層湿原が存在し、東北や北海道の多雪地[2-3]にも多く見られる。亜高山帯の高層湿原では、オオシラビソやダケカンバなどが縁取り、偽高山のものは、縁には高木はないので、見通しのよい景観となる。

出現のプロセスは寒冷な高山の平坦地で、雪の重さや周囲からの土砂流出によって凹地ができて湿地が出来る。そこでは植物は枯れても分解されずに泥炭化し、それが積み重なって湿原（低層湿原）がつくられる。年月が経つと酸性に強いミズゴケが浸入してよく発育し、枯れてさらに泥炭化を繰り返して泥炭層となって、泥炭層上部と水位が同レベルとなるとの中間湿原となる。さらに泥炭層が厚くなって水面よりも

[2-3]ニセコ 6/17

盛り上って小さな丘をつくって、これがほかの丘とつながって広いミズゴケの湿原「高層湿原」となる。高層湿原になると、地下水や沢水の影響が無くなり、雪融けの水や雨水、霧といった天水のみとなるために、そこの植物にとっては栄養分が少なく乾燥しやすい厳しい環境になる。

このように生まれた各湿原は、栄養状態に恵まれた低層湿原や比較的恵まれた中間湿原では多くの植物に恵まれ、貧栄養の高層湿原では植物は限定的となる。しかし、一般に高層湿原を名乗っていても、他の湿原も混在するので、一緒に楽しむことができる。

加えて、湿原の景観を引き立ててくれるのが、泥炭層にある池塘だ。大小さまざまな大きさと形の池で、中には浮島のあるものもある。池塘にも水性植物が花を咲かせる。

湿原の生みの親ともいえる泥炭層は、ミズゴケが枯れて堆積したものであるが、1年に1ミリ弱しか堆積しないと言う。なので、湿原の出現は数千年を要する自然の営みであること、かつ、植物の繊維構造を持つ泥炭は、非常にもろく、乾燥したり壊れたりすると二度と元には戻らないので、湿原への立ち入りは、厳に慎みたい。

・お花畑

本州中部の日本海側の標高２０００メートルから東北の標高１５００メートルほどの偽高山帯の山々でも、標高２５００メートル以上の真の高山帯に見られる高山植物の花に出会うことができる。これも豪雪と強風の贈り物なのだ。標高が低くとも雪が多いため、夏まで雪渓や雪田の形で雪が残るので、真の高山帯の山々とほぼ同じ時期に「雪が消えたところから春が始まり、花が咲く」ことが繰り返される。なので、同じ山でも時期や場所を変えて見ることができる。「偽高山帯」の存在が日本の高山植物のお花のエリアを拡大させてくれているのだ。

飯豊連峰を例に挙げる。北端の杁差岳《えぶりさし》（１６３６メートル）は、GW過ぎに山頂の雪が消えハクサンイチゲの花で一面、白くなる。6月には北股岳（２０２５メートル）の雪のない風衝帯近くの斜面で満開となり、8月末までは烏帽子岳（２０１７メートル）から御西岳にかけては雪田のまわりで次々と咲く。なので、ひとつの山並でハクサンイチゲを2か月間も楽しむことができる。

このように、強風で冬でも雪が殆どつかない斜面と風下で吹溜って出来た雪田や雪渓のまわりとで雪融け時期がずれる結果、春から夏の終わりまで場所と時期を変えて花を咲かせてくれるのである。

岩手県の焼石岳（1548メートル）は、やや太平洋側にある山であるが、積雪量が特異に多い。ここでは方々に雪田が残る初夏に訪れると、他の山では春から夏に咲く花を1回の山行で楽しむことができる。

加えて、狭い国なのにその分布の多様性と種類の多さも目を見張るものがある。例えばリンドウは里、低山、偽高山、高山と種を変えて住み分けている。そして偽高山から上部に分布する高山種の主なものだけでも、草丈が50センチにもなり晴れた日の日中に先端を僅かしか開かないオヤマリンドウ。丈10センチ足らずで小さな花だが彩度、明度が高く、しっかり開くミヤマリンドウやタテヤマリンドウと飯豊山固有種のイイデリンドウ。そして高山帯の上部でやや大きな変わった色で半開きに咲くトウヤクリンドウといった具合だ[2-4]。

オヤマリンドウ

ミヤマリンドウ

タテヤマリンドウ

イイデリンドウ

トウヤクリンドウ
[2-4]

第二章　もたらしてくれた雪山

・スキーを駆使して駆け巡ろう

スキーは、北欧で雪の野を移動するために考え出されたものだ。なので「誰の足跡もない真っ新の雪原を、自由に歩き廻る」のがスキーの原点だ。そして、この長所を雪山登山に用いてスキーを楽しむのが、山スキーである。

ひと晩で積もる新雪の深さは、半端でないのが日本の雪だ。これを求めて世界中からやってくるようになった。造語JAPOWまである。

この豪雪を歩き回るのに適した用具がスキーである。

体験から説明しよう。冒頭のはじめで二人一組の雪踏みを紹介したが、その際の先頭者は下図のすかり[注1][3-0]を履き、二人目がその踏み跡の中央を更に道踏みをして道をつくった。すかりの先端には引き上げるための紐がついていた。ひと晩に新雪が1メートル近くも積もる所では、かんじきでは深く沈んでしまって役不足で、すかりと呼ぶ特大かんじきを使わざるを得ないのだ。

[3-0]すかり（引用・D）

そしてスキーの深雪における沈み具合は、このすかりに相当する。加えてスキーはすかりのような紐は無いから、両手は体を安定させ推進力が得られるポール（ストック）を持つことが出来、歩行や登りには滑り止めを付け、降りは重力を利用して滑るので、早く楽に歩き回ることができる。こんな万能で素晴らしい用具を、下手だからとか危険だからと言って横目で見ていては勿体ない。「山をやっています」といって、多雪地なら半年近く存在する雪山を除いてしまうのは、如何かと思う。

雪山の魅力に触れてみると、雪は吸音性が高いので、まず一歩、そこに入ると騒音は消え、風が無ければとても静かな別世界になる。そこで行動すると雪面の豊かな表情に驚くだろうし、陰影の移り変わりにも感動するだろう。ウサギの足跡にも出会え、樹氷や霧氷も見られるかも知れない。さらに風を避けて暖かい紅茶の一服も心地よい。はじめは山スキーが無理だったら雪のない公園や野の散歩のように、スキーを使って雪の公園や森の散歩も味がある

注1　すかり：筆者は豪雪地育ちで、すかりは冬の道踏み用具として普及していたので、多雪地で広く分布していると思っていた。ところがウェブで見る限りでは、その分布は新潟県の魚沼地方と福島県西南部の只見川上流に限られていることを知り、驚いている。そして只見川上流ではすかりと呼ばずにツルカンジキと呼ばれていた。

ので推奨したい。踵の上がるスキーでスキーを滑らせながら歩けるようになると、スキー散歩は楽しくなる。雪国に在住の仲間に、雪原や森の散歩を日課としている者がおり羨ましい。

次は、深雪の山を滑る魅力だ。スキー板の先端を浮かせるコツさえ身につけば、深雪のスキー操作は思いの外、容易だ。ターンの沈み込み時の反動を使えるようになれば、宙を舞う浮遊感が楽しめる。条件が良ければ、ふわふわの粉雪が肩や頭を超える。また雪質のよい樹林の中のスキーは、目の前に次々現れる木々を避けながら滑るので、スリルもあって面白い。ブッシュの中でも思いの外、使用できる。春のザラメ雪は、深雪が滑れれば簡単だ。このように何より、自分だけのシュプールを描ける醍醐味があり、降りの行動の速さは他にはない。ひとたび体験すれば、トリコになってしまうだろう。そして、斜面や雪質の状況変化に瞬時に対応する技術が求められるから、奥が深い。

そして無雪期の山は、地図上の登山道を行動することが多いが、雪原や雪山の行動は自らの判断で自由に行動することになる。これも新鮮で楽しい。

「とても雪山は無理」と敬遠している方々に、まず、著者らのやっている山スキーの一端をご覧いただき、その醍醐味も味わってもらいたい。そして、スキーの歴史や用具も理解され、今日主流のゲレンデスキーは、スキーの一部に過ぎないということを知って頂けたら幸いに思う。

内容は、厳冬期と春の各三つの雪山と小屋生活の紹介、そして山スキーへのお誘いである。

・山スキーの醍醐味

・・無意根山

無意根山は、札幌の西端にある標高１４６１メートルの山で近郊随一の大斜面を持つ。中腹に１９３１年（大正15年）にストーブと水のある小屋が出来て以来、山スキー登山者に根強い人気がある。山スキー部が管理をしているので、合宿や小屋番、個人山行などで、よく過したところだ。現役・OB・OGから「心のふるさと」と呼ばれている。

卒業して30年経った50代中頃、同期の仲間から「冬の無意根に行こうよ」の声がかかり、97年から20回ほど続いた山行に58歳の時から8回参加し、さらに、２０１７年にリーダーが交代し再開山行に４回参加して、最終回の23年度には81歳となっていた。

標高３７０メートルの登山口から、スキー板にシールをつけエゾマツ、トドマツにダケカンバが混じる林の中の林道を2時間余りかけて登ると標高８００メートル地点に至り林道と分かれる。そこから深い樹林の中の複雑なルートを登って、標高９７０メートル地点にある高層湿原・大蛇ヶ原に着く。そこを横断して、少し登ると標高１０３０メートルの無意根尻小屋に着く。登山口から5時間の長丁場だ。ここまでが前編[3-1]の画像を紹介し、小屋から頂上往復は、続編[3-2]とする。

[3-1]登山口から小屋

小屋から山頂へは、深雪の深さにもよるが、概ね3時間を要す。食料、飲料、寝具等は小屋に置くため身軽になって登る。エゾマツ、トドマツの林からすぐにダケカンバの疎林に変わって標高１２００メートルで森林限界を超える。そこから頂上へは、立ち木のない大斜面だ。

冬期は悪天が当たり前で、山頂に立てたのは4回のみで、ほとんどは主稜線すら見えない日が続く。天気に恵まれれば、森林限界の上に出てひたすら山頂を目指す。主稜線に出ると雪面は強風で硬くクラストしている。頂上からは羊蹄山やニセコ連峰を望み、立ち木のない大斜面を歓声をあげながら滑る。悪天の時は地形が見通せ、パーティが離散しにくい、森林限界までのダケカンバの疎林の中でいい斜面を見つけて、そこを一人ずつ滑り、皆で評価し合う。そして、また、登り返し、滑ることを繰り返す。この際、困ったのはシールを三回ほど貼り直すと、濡れて用をなさなくなることだ。予備のシールは持参しているが、「小屋に帰るか」のリーダーの高齢者にやさしく響く言葉に、即、皆、賛成だ。

[3-2] 小屋から山頂往復

・・ニセコ連峰

ニセコ連峰は大正初期から部のスキー合宿の場であり、著者が現役の時も山スキーの普及を目指し、一般から20名から30名も募集して青山温泉（現・昆布温泉）の宿をベースとして、東のニセコアンヌプリから、西の目国内岳、北のワイスホルンまでの山々を巡る大合宿を主催していた所である。大合宿は１９５７年から67年までつづいたが、諸事情により取りやめとなってしまった。

一方、ゲレンデスキー場としてのアンヌプリは57年にリフトが導入されて以降、都合五つのビッグゲレンデを擁する、国内はおろか世界でも有数のスキー場となった。

再開した無意根山行と前後して、ふた回りも若い後輩が、ニセコ深雪熱狂合宿（バフバフスキー合宿）なるものをチセヌプリ南山麓の旧国民宿舎・雪秩父を宿にして始めた。著者はそれに２００５年から15年まで、７回参加させてもらって、深雪、新雪のスキーを甦らすことが出来た。

アンヌプリはニセコ連峰の最高峰で北側に標高差５００メートルの大斜面を要し、そこを滑るのは憧れのひとつだ。[3-3]は10年2月21日の朝八時、ゲレンデ上部のゲートが開く知らせを受けて山頂に登り、歓声を上げて北斜面へ飛び込んだ。当時60歳前後の年長の三人組の、スキー板を操る様子である。

大斜面へ飛び込む

頂きからニセコ連峰

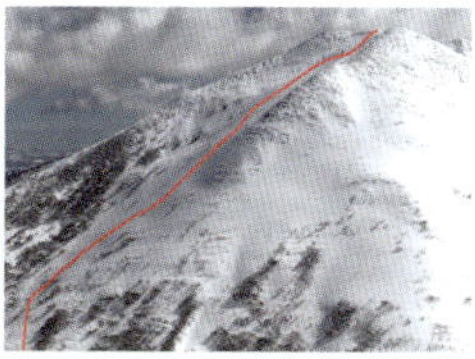
アンヌプリ北大斜面

［3-3］アンヌプリ北大斜面

ニセコと言ってもニセコは広い。東西の長さ25キロメートルの連峰に、１０００メートルを超える山が10座もある。真ん中の新見峠を境に、以東を東ニセコ、以西を西ニセコというが、アプローチ的理由から、東ニセコに目国内岳を加えたエリアが、主なフィールドとなる。

２０１６年から合宿主任が代り、宿も変えて19年まで4回続いた。さらに20年から別の後輩が多様な世代、ニーズに答えるべく、宿は「五色温泉別館」に移し、編成も山班、ゲレンデ班、湯治班として参加者の幅を広げている。自炊設備付きの別館で自炊しながら各自、楽しんでいる。

アンヌプリ北斜面を除く代表的斜面は、まず、双耳峰のニトヌプリの西斜面だ。ダケカンバの疎林内の斜面は「ニトは期待を裏切らない」と言わしめる雪質を誇る。つぎに、チセヌプリの東と南東の木の無い大斜面は、ホワイトアウト時は、ルート・ファインデングが求められるが斜度は申し分ない。そして、シャクナゲ岳から長沼へのルートやアンヌプリ西斜面、イワオヌプリの東西斜面と南のボウル（振り子沢）等である。さらに、新見温泉まで車を使って行く白樺山の北斜面も魅力がある。以上の山々での活動の様子をご覧頂く[3-4]。

ニセコの山スキーは、滑る人の自由と雪崩遭難防止の両立を目指して毎朝8時に発信されるニセコ雪崩情報に基づいて行動することが求められる。

ニトヌプリ西斜面

アンヌプリ中腹より

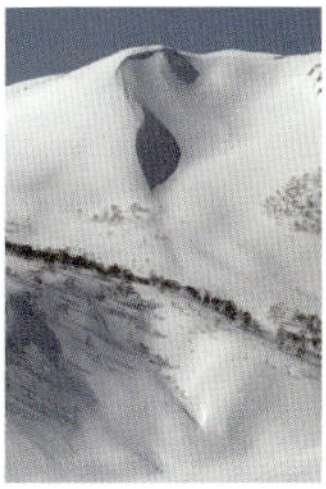
イワオヌプリ

[3-4]ニセコの山々の中で

・・黒姫山

山スキーの適地はブナ林から亜高山樹林帯である。理由は標高が高く、樹木で日射や風の影響が少ないので雪質が良いことだ。しかし、日本海側の冬は悪天が続くため、スキー場の索道はブナ林までとなるから、それより上部の亜高山帯の針葉樹の林を楽しむには、登ることになる。一般に、林の中のスキーは危険と思われがちだが、110年余の部活動の歴史で立ち木に衝突しての死亡事故は、1件のみである。

長野市の飯縄高原の別荘で山中暮らしを始めた後輩の家が、お子さんの通学問題で市内に居を変えざるを得なくなって空き家になった。これが仲間の知るところとなりお借りして得意の自炊生活をしながら二月の林間バフバフ合宿が始まった。著者は、2009年から11年の三回、参加させてもらい、黒姫山を中心に、妙高前山、飯縄山、霊仙寺等で、林間の深雪スキーを楽しんだ。うち、[3-5]は、10年2月7日、黒姫高原スノーパークのリフトで標高1150《メートル》まで上がり、そこから黒姫山（標高2053《メートル》）近くまで登って、東斜面の亜高山帯の針葉樹林からブナ林の中を、ぞんぶんに滑りまくった一日の様子である。ご覧ください。

[3-5]黒姫山東斜面

続いて[3-6]は、他の日や他の年に同じ黒姫山の南側のカラマツ林からダケカンバ林を登って外輪山に至るルートや、近くの霊仙寺山、飯綱山などの行動の紹介である。晴れた日には山頂から高妻山や北アルプスも眺められた。さらには、電車で妙高高原までに足を延ばし、妙高山の外輪山・前山の大木のブナ林の中も楽しんだ。

若い強者の仲間は、奥にある佐渡山や高妻山に入っていった。

また、戸隠の中社に日帰り温泉もあるので、魅力満載であったが、お借りした家屋の売却が決まって、この合宿は終了した。多くの思い出を残して。

カナダや米国の高山の針葉樹林には「ツリーホール」があり、毎年、そこに落ちて死亡事故が起きて恐れられている。針葉樹の幹の周りに出来る深い雪の穴のことで、正確には tree well（井戸）だ。これに落ち込むと自力では脱出が難しいため、針葉樹樹林の通過時は必ず複数で注意深い行動が求められる。が、日本ではあまり心配はいらない。多雪と強風のためか、亜高山帯の針葉樹林の根元には危険な穴はほとんど見られない。

[3-6]黒姫山南面、飯綱山、妙高前山

・・春の涸沢

これはひと昔前の山行。当時は上信越や北アルプスに幸を求めていたが、高速道がまだ未整備で電車で移動の時代。涸沢は穂高連峰の東面に抱かれた大きなカールである。その圏谷壁を滑る目的で行った。標高や斜面のキツさから、スキー適期は表層雪崩がおさまる5月末から入梅前がベストだが、就職間もないメンバーの都合で結局、GWとなり三年連続して訪れた。[3-7]は二回目の1971年の紹介である。

涸沢ヒュッテ泊の初日の五月四日は、ザイテングラードを登り、滑ったが、前年に続いて山屋《やまや》（一般登山者）からの「雪を落とすな」の罵声を浴びせられて、午後は前穂の北尾根の5・6コル斜面に舞台を変えた。翌日は、思い切って初の北尾根3・4のコルの斜面に挑戦となった。登り切り、一休みしていたら、反対から単独行の岩屋《いわや》（ロッククライマー）が登って来た。そして、なんと「下まで競争しませんか」と挑戦を受けてしまった。こちらは6人で、狭い幅の雪渓を滑らなければならず、相手は一人でグリセードだから、勝敗は明らかかと思われた。が、斜度がやや緩くなり、グリセードのスピードが落ちるや否や、我々は岩屋を抜き去り、小屋に着いて振り返ると豆粒のようだった。翌6日は、山屋の少ない北穂高側の斜面と、5・6のコル斜面で遊び、4泊5日の充実したスキー山行を終えた。

50年以上前のプリントからの再生画像につき不鮮明さをお許しください。

[3-7] 涸沢

・・春の鳥海山

この山の最初のスキー登山は、仙台に居を移した1年後の１９９９年5月、単独行で北側の祓川からの七高山（鳥海山で二番目の高峰）だった。味を占め、２００１年からは、山仲間と矢島口から入って、自炊設備がある花立山荘に泊まり、七高山の北斜面を滑って楽しんだ。04年には、晴天を選んで地元の仲間の案内で最高峰の新山々頂から、初めて標高差１０００メートルの北大斜面を滑り降りた。この大斜面は、秋田県南部の日本海側から眺めると一目瞭然でスキーヤーなら滑ってみたいところだ。滑ってみると、思ったより傾斜に変化があって面白い。難点は、滑り終えてから、車を置いてある登山口までの長いトラバースだ。残雪が続いていれば問題はないが、それを見分けるのには経験がいる。雪が無ければブッシュ漕ぎを強いられる。

１９９９年より山麓のブナが芽吹く時期に、山仲間や職場の同僚、あるいは単独行で、スキー登山を続け、単独行の時は一泊二日で七高山頂からの滑降2回をノルマとしたので、七高山々頂に立った回数は、都合60回を超える。うち、新山からは滑り降りた回数は、僅か5回だが、その分、記憶鮮明だ。[3-8]は２０１４年4月27日、5回目のものである。[3-9]は2回目の新山からの滑降を、偶然、七高山々頂から職場の同僚が撮ってくれたもの。

[3-9]2005.5/22 著者の滑り

[3-8]2014. 4/27

・・春の御嶽山

２０１４年の秋、水蒸気爆発で戦後最悪の火山災害（死者、不明者63人）が起きた山だ。平常時の火山の状態（噴火警戒レベル１）で突然の爆発が、紅葉期の晴天の土曜日に重なって大惨事となった。同じ場所でほぼ同規模だった１９７９年の噴火では、ひとりの死傷者も出なかったので火山噴火の怖さを知らしめた。

実はこの山は、山スキーの適地である。４回目の09年４月18日、既に開拓済みの変化に富んだ大斜面が続くルートを存分に楽しんだ[3-10]のでご覧頂く。ルートは、車で御岳ブルーラインから入って、御岳ロープウェイで終点（標高２１５０メートル）に至り、そこから夏道のある広い尾根を山頂まで登る。降りは登ったコースより北側をほぼ平行に滑る。

まず山頂から一ノ池への緩斜面を滑り降る。そこから標高差１００メートルの二ノ池への急斜面①が続く。そこから東側に少し登り返すと標高差２００メートルの広い斜面②、ついでルンゼから標高差３００メートル余りの沢状の大斜面③、そして樹林帯に入って夏道と合流してロープウェイ終点駅まで標高差２００メートルの尾根斜面④と続く。雪が付いていれば、さらにロープウェイ起点駅まで６００メートル近い降りが可能だ。

[3-10]御嶽山

・・あずましい小屋

「心のふるさと」と呼ぶ小屋が札幌市の西端にある無意根山にあることは紹介済みだが、概要は高床式の木造二階建て、30人収容の避難小屋だ。やがて100周年を迎えるが、薪ストーブと豊富な水に恵まれ、週末、部員が小屋番に入り管理している。現役時には部活動や人生論、政治・社会論、恋愛論に花を咲かせ、学内情報を入手し、山の歌をおぼえ、教えあって、歌って過ごした小屋なのだ。

冬、まず着いて入口扉を見て「今回も除雪しなくて入れる」を確認。誰も除雪の記憶がない入口なのに気にかかる。最初に入った者がすぐ薪ストーブに火をつけ、他の者は吹き溜まった窓を除雪し雪囲いを外して採光を確保し小屋に入ると、薪ストーブのぬくとい暖かさが広がり、皆、ほっと一休み。そして強者はスキーに出かけ、弱者は休む。

悪天日は弱者達は勝手に停滞日にして、終日、ストーブを囲んで団らんし、昼寝し、夕方早くから、飲食が始まる。行動日でも、夕食後は必ず山の歌で締めくくる[3-11]。

下山の日は、朝食が済むと窓の雪囲いの復旧、各自の荷物をまとめたら、次の利用者のために床下の薪を小屋内に揚げ、小屋内の整理整頓、最後は雑巾がけの掃除をする。そして登りが5時間だが、降りは登山口まで約1時間だ。

メニュー例	人数	朝	昼	夜
2月23日（木）	13	無し	無し	**キムチ鍋（13名）** 豚肉、白菜。冷凍餃子、ニラ、エノキ、長ネギ
2月24日（金）	13	ご飯・納豆・漬物 鮭塩焼き・味噌汁 （13名）	おにぎり・ソーセージ・チーズ （13名）	**肉ざるそば（13名）** 豚肉・きざみネギ、胡瓜・ワサビ、卵、納豆
2月25日（土）	16 現役3	ご飯・納豆・漬物 鯖塩焼き・味噌汁 （13名）	おにぎり・ソーセージ・チーズ （13名）	**現役小屋番によるシチュー** （16名）
2月26日（日）	16 現役3	現役による豚汁 （16名）	無し	無し

魚切り身（26切れ）　乾蕎麦13名分　おにぎり用ふりかけ　つまみ:3日分　ビール350ml　26缶（10kg）
サバ：2日分　味噌汁：26袋　漬け物　日本酒：2L×2（4kg）
ソーセージ：26本　鯖缶x5　ヒジキ・煮豆・人参　マヨネーズ　ワイン：3L x 3（9kg）
ミニチーズ：26ケ　鮭切身：13枚　切り干し大根・アブラゲ　かつお節　［酒類：約23kg］
鯖開き：13枚　蕎麦つゆ（13名分）ラップ
納豆：3x6ケ　味の素・ほんだし

[3-11]山小屋生活

避難小屋は、日本アルプスでは「非常時以外は使用厳禁」、関東の山でも「長居は禁止」が一般的なので、紹介した小屋は信じられないかも知れない。しかし、営業小屋がない山で避難小屋を利用者がマナーとルールを守って山小屋生活を楽しんでいる。今でもこんな小屋があることを知って頂き、山小屋生活の原点を再認識して欲しい。

一般に営業小屋は、人生を賭ける事業であるから、入念、慎重に取り組み失敗は許されない。それでも、建てた小屋が思い通りにならないこともあるのだ。人知の及ばないことが起こるのが山なのである。避難小屋は自治体や個人が建てることが多いが、中には安易に建てられるのも見受けられる。雪山でやっとたどり着けた小屋が入れなかったら、とんでもないことになりかねない。ここでは寒冷地で多雪地の小屋を建てる際の留意点を「小屋の出入口の場所」と「扉の開き方等」にしぼって、２０００年頃以降に建てられた東北の避難小屋を中心に取り上げて見てみたい。

一、「小屋の出入口の配置」

まず山腹の小屋。

・[3-12]は舟形山（１５００メートル）の標高１２００メートル付近にあった平屋の旧・升沢避難小屋だ。雪に埋没するため、冬はまったく使えなかった。これを同じ場所に２００５年頃、高床式二階建てに建替えた[3-13]。結果は、建物の出入口廻りの雪は、見違えるように風でえぐられ、出入りは自由、二階に設けた冬期用入口とタラップは無用の長物となっていた。多雪地の山小屋を考えるうえで、貴重な事例だ。高床式や二階建てによる高さが有効であることが解る。無意根の小屋も高床式で出入口回りの雪は、同じく風でえぐられる。小屋の南西の角[3-14]にあり、この配置以外だったらアウトで絶妙の配置だ。また、二階の冬期用入口は最初からない。19年に珍しく東風が吹いた嵐の翌日に登ったことがある。途中の木の幹や枝に普段と逆方向にべったり雪が付いているので、さすがの無意根の小屋の入口も今年は除雪が必要かと案じながら着いたら、杞憂であった。１００年も前に建てられたが、その巧みさに驚かされる。

[3-13]と[3-14]に共通している強風が雪をえぐる場所を、地形や風向き、建物の向きや高さから探し出して出入口を考えることが重要であることが分かる。

一方、[3-15]は出入口回りに雪の吹溜りが出

[3-12]旧 升沢小屋

[3-14]無意味尻小屋

[3-13]新 升沢小屋

[3-15]茶臼岳避難小屋

来て除雪が必要な例である。頂上直下に位置するが地形的には山腹と考えてよい。03年に建てられ冬季専用の出入口を持つが、配置がまずい。

・似た例に、八方尾根の黒菱平の在京大学の小屋群。北側に車道があり、入口の多くがゲレンデ側に回り込んだ小屋の南東側にある。その内の1棟を雪の無かった14年の12月中旬に利用した。ところが突然のドカ雪に遭遇し、到着した夕方、入るのに10人が吹溜りの除雪に手間取った。

次に稜線上の避難小屋。

・飯豊連峰の主稜線上には、南の三国小屋から北の杁差小屋まで8軒の小屋があり、朝日連峰には、東の大朝日岳小屋から西の以東岳小屋まで4軒がある。前者の8軒と後者の大朝日岳小屋と以東岳小屋は、一目瞭然、遮るものが無い所に建ち、景観的には疑問を感ずるが、雪は吹き飛ばされてほとんど無く、一階の出入口が年中、使えるので二階の入口は不要である。99年に建てられた大朝日岳の避難小屋の管理人曰く「二階出入口は火災時の避難口として有効か」と自嘲気味に話していた。

ところが、残る朝日連峰の二軒は、状況が異なる。一軒は、設計段階で管理人（エベレスト登攀者で、冬の状況を把握していた）が気付き、配置を東西、逆にして建てて難を逃れた例があった。他方の小屋の建替え時にも、その管理人は配置図を見せられて意見を求められたが、こちらの小屋の出入口は、雪の吹溜りをぎりぎり回避できると判断して、設計の通り建ててもらったという。冬の状況を掴んでいた管理人がいたので、事前にリスクを回避できたのである。もしも、有効な情報がない場合には、冬の卓越風の向きや地形を把握し、小屋を建てることによりどう変わるかを予想して設計するという難しい作業が求められる。

二、「入口扉の開き方等」

多雪地の小屋の入口扉の開き勝手は原則、内開きだ[3-16]。かつ、材質は扉も枠も木製（引手など手が触れる箇所も含む）がよい。内開きの理由は、悪天時の雪の吹溜りは短時間で発生し、外開き扉では扉が開かない恐れがあるためだ。扉、枠の木製は、結露と、その凍結を避けるためだ。また、手に触れる部分が金属だと、厳寒期に不用意に素手で触れると皮膚が取られることの防止だ。寒さで手先がかじかむので、操作性も考慮したい。

建築基準法では玄関扉の開き勝手は避難方向の外開きを求めているが、多雪地の山小屋では内開きが好ましく、似た例に、ホテル客室の内開扉がある。客の安全性や廊下を歩く人に扉が当らないために認められて

[3-16]鳥海山

いる。なので、建築主事に、状況を説明すればクリアーできる。

余滴1 開かない入口扉

30年程前に建てられたある山頂避難小屋の入口扉（枠共金属製の内開き1枚扉）。内開きなので、一見、正解なようだが、間違いを犯した。それは、冬、小屋の利用者が多く、多くが火器を使って暖かい飲み物や食事をつくり、それに発汗が加わって、小屋内は結構な湿度となることを見落としたのである。そのため入口の金属扉は見事に結露し、それが土間に流れ出して凍り付き、ビクとも開かないのだ。そのため、小屋の出入りは腰付きの小さな木製の開き窓となっていた。

・山スキーへのお誘い

スキーは、5千年も前に、北欧（スカンジナビア）で、平坦な雪面上の移動のための用具として考えられた。それが、19世紀に傾斜のある雪山でも有効性が認められ、弓や鉄砲を背負って野山を駆け巡る狩猟のための用具として普及し、さらには雪中戦にも使われた。そして、歩いたり走ったりできる踵が上がる型式のスキーは、クロスカントリースキーとジャンプスキーに引き継がれノルデックスキーと呼ばれて今日に至っている。オリンピック種目のバイアスロンは、クロスカントリースキーとライフル射撃を組み合わせたもので、スキーの歴史をよく引き継いでいる。一方、北欧からアルプスに持ち込まれたスキーは、20世紀にスキーリフトなどの索道付で整備されたコースを、踵を固定して滑り降りるゲレンデスキーが考案されて爆発的に普及した。アルペンスキーと呼ばれる。今日、日本でスキーというと、残念ながらこの商業的なゲレンデスキーを指すのが一般的である。

日本にスキーが伝わったことについては個人的持ち込みを除くと組織的・系統的な導入は、1911年（明治44年）の冬にオーストリアのレルヒ少佐が、高田（現・上越市）師団におこなったスキー講習会である。翌12年2月に中佐に昇進したレルヒが旭川の師団でスキー講演を行ったが、何と同年の6月に札幌農学校（後の北海道大学）でスキー部が創立されたのである。すでに、08年に赴任したドイツ語教師（スイス人のハンス・コラー教授）から「冬のスポーツとしてスキーで雪山を駆け巡ること」についての情報を受け、好奇心を持っていた若者達がおり、馬そり屋にスキーをつくらせてスキーをやっていたのである。面白いのは、コラーもレルヒも来日の動機が、欧米の国々を驚かせた日露戦争（05年）の日本勝利だったことである。コラーは日本の若者の教育、レルヒは軍事視察が目的であった。スキーのストックは、レルヒが伝えたのは一本杖であったが、農学校には二本杖のスキーが伝わっており、まもなく二本杖が普及した。また、ウェストンが１８８８年に来日して近代登山（アルピニズム）を紹介し、日本山学会が設立されたのが05年だから、ほとんど同時と言ってよい。

次いで、ドイツで山小屋生活やツアースキーの楽しさを体験した留学教師らが帰国し、定山渓温泉を中心に周辺の山々に、鎖の輪のように点々と小屋を建て、それらを泊まり歩いてツアースキーを楽しむ「ヒュッテの鎖」構想が生まれた。最初に26年に手稲山のテイネ・パラダイス・ヒュッテが建てられ、5年後の無意根尻小屋までに5棟の山小屋が建てられた。現在も北大所有で健在（内3棟は建替え）だ。このエリアで最大で都合18棟、現在で10棟が残っているが、自然に抱かれた小屋での生活やツアースキーが、軍隊ではなく、一般市民の間でウインタースポーツとして花開いたのは驚くべきことである。

しかし、70年代にゲレンデスキーと山スキー[注1]（バックカントリースキー）のビンデングとブーツが、各々、機能追求した結果、両者間に融通性がなくなってしまったこと、各々の用具は高価となったこと、各地にリフトを備えたスキー場がつくられたこと等から、多くの人達は身近のゲレンデスキーを選択してしまったのである。

そこで、本書の「山スキーの醍醐味」をご覧になって、山スキーに興味を持たれたら、どのように始めたらよいか著者の考えを述べてみたい。

ひとつは、歩くスキーからで、ふたつ目がゲレンデスキーからである。いずれも、用具一式はレンタル利用でよく、いずれも整っている。そして、最終的にご自分が山スキーに進むことを決めたら、用具の購入へ進むという提案である。山スキー用具のレンタルは、日本でもようやくウェブ上で始まっている。

注1　山スキーとバックカントリースキーの違いについて

後者は、スキー場の外のよい斜面（深雪や新雪）を楽しむもので、用いる用具はスキー、スノーボード、どちらでもよい。スキーに限れば、用具は山スキーと同じであるが、スノーボードは、歩いたり登ったりできない（登高可能なスプリットボードタイプもあるが）ので、それを背負い、スノーシューで登ることになる。よい斜面を滑り降ることに重点を置いており、ほとんどが日帰り行動なので、リフトやロープウェイなどの搬送設備を有効に使い、効率を重視する。

これに対し、山スキーは、歩行や登高も重視し、小屋やテントも使って比較的長い時間、自然の中でスキーを楽しむので、雪山に対する姿勢が異なる。

・・山スキーの始め方

スキー未経験者は、歩くスキーから始めても、ゲレンデスキーからでもどちらからでもよい。歩くスキーは、まず、整備された雪面コースをクロスカントリースキーで歩いてみよう。用具は、幅が細く、踵が上がり、板の裏側に滑り止め（滑り止めのウロコ状の掘り込み）のついた軽いスキー板と、専用ブーツ、ポール（ストック）からなるが、自前で揃える必要はない。ウェブで探せば、レンタルで借りられるところが探せる。札幌には市内に「歩くスキーコース」が14ヵ所（内レンタルスキー有が9カ所）もあるので、そこに行けば手軽に体験できる。レンタル料はスキー、ブーツ、ストック一式で２００円程度だ。本州にも歩くスキー教室を持つスキー場がある。そこで体験したらよい。スキー板に体を乗せることの他、スリ足で進む（交互滑走）やストックを雪面に刺して腰や背を曲げ伸ばしして進む、スキーをV字に開いて坂を登る（開脚登行）などの滑走や走法ができるようになると、スキーと身体が一体となりバランスが身に付く。一見、遠回りに見えるが、スキーの基本動作が身に付くので「急がば回れ」だ。

ゲレンデスキーから始めても、もちろんよい。山スキーの滑る技術の習得は大変と思われがちだが、スキー検定試験2級程度の斜滑降、ボーゲン等を、深雪でスピードをコントロールして滑れること、そしてキックターン（方向転換のひとつ）が出来ればよい。これを整備されたゲレンデと最近増えたスキー場内の非圧雪コースで身に付けよう。滑る技術は、カービングスキーの登場で格段に容易になり、リフトを使えば回数もこなせる。さらに、深雪の練習は、非圧雪コースがうってつけだ。非圧雪コースは、スキー場管理区域内なので雪山の経験がなくとも安全に練習できる。この時のスキー用具一式は、一般のゲレンデスキーで構わないが、必ずスキー板と自分をつなぐ後述の「流れ止め」をつけることだ。理由はスキーに付いている「スキーブレーキ」は、整備された斜面では有効だが、深雪では全く不十分で、転倒時に深雪の中でスキー板と体が離れてしまったり、スキー板を見失ったりしてスキー板の回収に思わぬ労力と時間を要するためだ。

ここでターンの実際を整備された圧雪斜面と非圧雪の緩斜面、急斜面の連続写真[3-17]でご覧になり、深雪ターンのイメージをつかんで欲しい。深雪でも圧雪時の膝の絞りや左右移動が行われていることを掴んで欲しい。通常、無圧雪コースは急斜面が多いが、最初は最大傾斜に向かって滑るとすぐにスキー板の先端が浮き上がる程度の斜面を選ぶとよい。スキー板は左右10センチ程度、間隔をあけて後傾姿勢でスタート。上半身の使い方はゲレンデスキーと同じだが、片足加重と片足エッチングは避けて両足均等荷重を心掛ける。先端が浮いたら、左右揃えて一方にずらしながら加重するとテールが沈む、沈むとその反動でテールが元の高さに戻ったら反対方向に同じ要領でずらす。これを上半身は常に最大傾斜に正対させながら、腰から下は膝を左右に動かし深雪の中でも両足で軽くエッチングさせながらテールを左右に

＜深雪急斜面＞　＜深雪緩斜面＞　＜圧雪斜面＞

[3-17] ターン三態

ずらし落とすイメージだ。これをバランスよくリズミカルに繰り返しおこなえば連続ターンとなる。後傾姿勢はスキー板の先端を浮かせるためである。急斜面では、両足の左右へのずらし方をよりダイナミックにおこなって、スピードをコントロールする。腕を磨いていくと「深雪の中で2本の板を操り、浮遊感のある滑りができる。粉雪に包まれ、粉雪を舞い上げて滑る醍醐味」は身近だ。なお、この3人のスキー板はいずれも標準のカービングに近いセンター幅10センチ以下のスキー板で、ファットスキー板ではない。

次は、山スキー用具を手に入れたらウォークモードにして、歩行（推進滑走）[3-18]やスキー板にシールを貼って歩行、登高をやるとよい。無圧雪のところでも試してみよう。雪山ではなく公園や田畑、河川敷など無雪道路がクロスしないところを探してスキーで散歩[3-19]してみることを薦めたい。無雪の街や公園を散歩して楽しんでいる人が多いのに冬、雪の上の散歩を楽しまないのはもったいない。楽しめるフィールドは雪国に行けば無限にある。スキーの原点は歩くことなのだから。ただし、慣れるまでは安全を考え単独行は避け、車の通る道路は横断が問題となるので

[3-18]歩行

[3-19]散歩

避けること。そして地図と磁石、暖かい飲み物と食べ物持参でやってみよう。

そして雪山へはプロのガイド付きのバックカントリースキーの体験がよい。自前のカービングスキー板でもよいが、滑り止めのシールや必須の個人装備が必要となるのでガイドに相談したい。現地でバックカントリースキー一式をオールレンタルでもよい。レンタルの場合は事前によく調べたい。

・・自前で雪山に入る

深雪のスキーが習得でき、プロのガイドや信頼できる熟練ベテランについて雪山の滑降ができたので、即、仲間と雪山に入れるかというと、まだ早い。冬の天気や雪山の学習や深雪の中での歩行、登高の経験などが不足しているからだ。毎年、登山届も出さずに遭難騒ぎをおこして地元に迷惑をかけているスキーヤーは、この認識が決定的に甘いと思っている。

まず、ガイドや熟練者について経験を積む一方で、仲間と冬山や雪崩についての講演会や講習会に参加し、研究しあって、天候やスキーに適した地形、雪崩のメカニズム、雪崩事故を避けることを学ぼう。それには、一定の時間と経験を要する。そして仲間との山スキーは、きちんと登山計画を立て、登山届けを提出し、天気急変でホワイトアウトになっても自力で下山できるようになってからだ。そして、万一、雪崩に遭っても互いに助け会える知識と意欲、そして体力を持つことと、必要となる装備を使いこなせるようになった後にしたい。加えて山岳遭難保険加入は必須事項。

万が一、事故が起こった場合、責任問題が生ずることも知っておきたい。プロのガイドツアーならガイドにすべての責任があるので問題ない。なので、ガイドは事故を避けて慎重に行動する。その様子をしっかり観察して学ぼう。

山岳会や仲間同士で登った場合は「熟練度や技術に明確な差がある場合」に、リーダーに損害賠償責任が発生する恐れがあるので、初心者を連れていくことがハイリスクであることをリーダーも初心者も認識しておくことが必要だ。「熟練度や技術に明確な差がない場合」は自己責任となる。

・・パーティの行動時の基本

▼歩行、登高

雪山の深雪の歩行や登高をスキーで進むことをラッセル（登山用語。ツボ足やスキー、スノーシューなどを用いて、深雪を身体で道をひらきながら進むこと）と言い、パーティを組んでラッセルを行い、先頭者が疲れたら順次交代して省力化を図る。リーダーは最後尾で、随時、雪崩などの危険個所を避け、メンバー一人一人の技術、体力、疲労度などを見ながら速度や先頭の交代、コース取りなどの指示を出す。したがって、リーダー以外のメンバーが交代しながらラッセルが原則だが、少人数ならリーダーもラッセルに参加しよう。また、深いラッセルや荷が重い時は、二人一組で一緒に交代するのがよいこともある。ラッセルは、深雪との格闘に近いので、体力を使い、汗をかくことが多いので、暑くなったら表着（アウターウェア）を脱ぐことになる。また休憩時は、素早くアウターを身に付け、行動再開時のアウターウェアを脱ぐ等は、メンバー揃ってやりたい。各自、バラバラにやっていると、時間ロスや他のメンバーの迷惑となる。

理想は、足の揃ったメンバーが5～6名程度必要で、初心者や女性、高齢者のメンバーがいれば、これに加算する。

▼滑り降り方

スキー板を脱いでシールを外し、ビンデングとブーツのスキーモードに変えてステップイン、着替え、給水などの作業も、パーティ揃って要領よく行う。降りる時は、熟練したリーダーがトップで、コースの安全性を吟味しながら滑り降りる。ひと滑りの距離は、見通しの具合や地形、メンバーの力量などを考えて、適宜、判断しながら決める。最後はサブリーダーが、メンバー各人の状況を把握、確認しながら降りる。メンバーが転んで起き上がれなかったり、スキー板を見失うこともあるので、必ず、最後に降ることが大切。また、ホワイトアウト時にはメンバー離散の防止や安全のために、シールを付けたままスピードを殺しながら、声を掛け合っての行動も必要となる。この時のメンバーは5~6人程度とし、大勢の場合はパーティを分ける工夫も大切。

・・山スキーの用具

深雪の野山をラッセルしながら闊歩するには、専用のスキー用具が必要になる。山スキーとバックカントリースキーの用具は基本的に同じと考えてよく、歩行や登る時は踵の上がるノルデックスキー、滑り降りる時は踵が上がらないアルペンスキーの機能を持つビンデングの付いたスキー板と専用ブーツ、それにシールとポールだ。具体的に説明すると、歩行や登高時には、スキー板にシールを貼ってビンデングは踵の上がるセッテング、靴は足首が楽に曲がるウォークモードにして行動する。滑り降る時は、シールを外しビンデングは踵が上がらないスキーモードにセットし、ブーツもスキーモードに変更すると、安定した滑降や回転ができるようになる。ひとつの用具で雪山を自由に登り降りができるのである。用具がひとつで済むということは、その分、多くの物（飲み物、食べ物、装備）を背負えて、深山にも入れるので行動の自由度が高くなる。

更に雪崩等で埋没した際の捜索、救助に必須の三種の神器（ビーコン、スコップ、プローブ）が必要となる。これに冬山の服装を含めると結構、高額となるので、山スキーに進むなら、最初から山スキーの用具を少しずつ揃えることをお勧めしたい。理由は山スキーの用具で、ゲレンデスキーはこなせるが、逆は不可のためだ。板とブーツは毎年新品が出るが、型落ちや中古の購入も工夫のひとつ。三種の神器や機能優先となるアウターウェアはレンタルの利用も可能だ。

なお、山スキーには、常に踵を固定しないテレマークスキーがあるが著者は経験がなく、また、ボードは滑り専用で雪山を自由に闊歩する山スキーの用具とは思えないので、省く。しかし、分割して登れるスプリット型ボードがあり、普及するか注視している。

▼カービングスキー

昔のスキー板も、板の側面にゆるやかなサイドカーブが付いていたが、このサイドカーブを極端にきつくしたものがカービングスキー板だ。１９９０年代にオーストリアで開発され、10年足らずで世界を席巻した。特徴は、滑走時の回転性能が高まって、雪面を切るようなターンが簡単にできることだ。スキーより遥かに遅く出現したスノーボードのサイドカーブがスキーよりシャープであることに着眼したのが面白い。

深雪でも、板の堅さが柔らかめでセンター幅がやや広めの板であれば、幅広いヘッドのおかげで先端が浮き易く、かつ、クラストした雪面でも対応できるので、打って付けということになる。著者（身長１６６センチ体重66キロ）が現在使っているスキー板は、ヘッド幅・センター幅・テール幅は、12センチ・８・５センチ・11センチ、長さ１７０センチの軽目（ペアで３キロ弱）のものである。トレンドは、センターを幅広にしてさらに新雪・深雪用にしたファットスキーや、板の先端と末端が反り、センター部に反りが無いロッカースキーであるが、クラストした堅い雪面には向かないので、オールラウンドを一本となると、センター幅は10センチ以下が目安となる。長さは身長より10センチ程短くてもよい。よく相談できる熟練者や専門店の店員と納得できるまで相談して手に入れて欲しい。

▼ビンデング

山スキーの板に付けるビンデングは、歩行・登高時に踵が上がることが必須である。現在の主流は、ツアービンデング（バー式ビンデング）とバーを無くしたテックビンデング（ＴＬＴ）だ。前者は、ブーツを固定する前後のピースを剛性の高いバーやプレートで緊結しており、高速・ハードな滑りに向いており、重いが安価なので若い体力のある方にお薦め。ＴＬＴは山岳レース用にデイナフィット社が開発したものだ。ブーツ先端両脇の小さな穴に先端金具のピンを入れてブーツを固定し、ブーツにバーの機能を兼ねさせてバーを省いたために驚異的に軽く、２０１０年頃から普及した。しかし、硬い雪面でビンデングが外れたり、装着に難があるなどの弱点はあり、かつ、高価だ。重量は前者が一組２～４キロに比べ後者は１キロ程度だ。高齢の著者は、10年前に軽さ重視で、軽い板とＴＬＴ、これに適合した軽いブーツに更新した。

▼スキー板の「流れ止め」

ゲレンデスキー板のビンデングには、スキーブレーキが付いているが、流れ止めは付いていない。ゲレンデでも非圧雪コースや大雪で夕方に深雪となった斜面で、板を紛失して途方に暮れているスキーヤーを見かける。スキーブレーキがついているスキー板は、転倒しビンデングが外れると、スキー板はそこで止まり、スキーヤーは慣性で前方に投げ出されてスキー板と離れてしまう。急斜面では10メートル以上も離れ、スキー板の発見と回収に思わぬ労力を使う。これが山中で起きたらどうなるか想像してみることだ。なので、山スキーヤーは「スキーブレーキ」とは別に、板と身体（通常は足）とを「流れ止め」で緩く接続し、転倒などでスキー板が外れた時でも、スキー板が体から離れないようにしている。

▼ブーツ

山スキー用のブーツは、スキーで歩いたり登る時だけでなく、アイゼンで行動時に有効なウォークモードの登山靴の機能と、滑る時はスキーモードにして踵がスキー板に固定のスキー靴にすることが出来るブーツだ。昔は、登山とスキーの兼用靴と呼ばれていた。材質は昔の革からプラスチックに変わった。当初は着脱が大変であったが、ずいぶん改良されて使いやすくなった。なので、足に気持ちよくフィットさせるためには、時間をかけて試して選びたい。ポイントはウォークモードにした時の足首の「曲がり」具合と、靴底にビブラム（登山靴に使われる凹凸のある合成ゴム製の靴底）が付いているかの確認だ。いずれも、ウォークモード時の行動のし易さや耐久性に直結する。著者が現在使っているブーツは実質2バックルで、重さは片足1・2キロの軽さだ。しかし、プラスチック製は、加水分解でバラバラになる恐れを伴うのが泣き所だ。

▼ポール（ストック）

ポールは、歩く時や登る時と滑る時、違った長さが使い易いので、伸縮自在のポールが欲しい。材質はカーボン製とアルミ製がある。カーボンは折れやすいと言われているが、著者は30年以上使えている。スキー板をリュックにつけ（シー・トラーゲン）、ピッケル、アイゼンの行動を考えると、リュック3段可変がよいが、そこまで考えなければ2段可変で十分。先端の雪受けリング（バスケット）は、深雪では大きい目のものがよく、季節により小さいリングに付け替える。

▼シール

スキーで登高する際、その裏面に貼付ける滑り止めの用具でクライミングスキンともシールスキンとも言い、略して単にシールという。

昔はアザラシの皮を用いたので、シール（seal）の名がついた。捕獲が禁止され素材はナイロンやモヘア（アンゴラヤギの毛）に変わった。ナイロンは湿雪に、モヘアは乾雪に効き、ミックスの物もある。

留意点は、前方へのなめらかな滑りと後方への滑りにくさのあんばいだ。山スキーは、長時間の登歩行を伴うので、前方への滑りが悪いと疲労するので、滑りのよいものを選ぶ必要がある。板への固定は、接着がほとんどであるが、雪山で着脱を繰り返すと、シールが濡れて接着できなくなるのが難点だ。予備シールを持つと安心だ。

▼三種の神器ビーコン、スコップ、プローブ

山スキーには、一般の個人装備の他に、三種の神器の携帯が必須となる。雪山で一番のリ

スクは、雪崩に巻き込まれること。この時の埋没者の捜索と発見、救助に欠かせないのがビーコン、スコップ、プローブの三種の神器だ。ビーコンはスイッチオンの発信状態で行動し、埋没してもそのまま発信する電波を、埋没を免れた雪上のメンバーが、自分のビーコンを受信状態に変えることで感知し、埋没地点を見つけるもの。スコップは埋没者を掘り出す道具だが、ビバーク時の雪洞やテント設営、除雪等にも使用する。リュックに収納が楽なアジャスタブルか分解式のもので、材質は重いが堅い雪でも使える鉄製がよい。プローブ（ゾンデ棒）は　埋没者を探すための折りたたみ式の長さ3メートル程度の棒だ。ビーコンとプローブの操作は、事前にメンバーで練習が必須で、特にビーコンは埋没者が一人の場合は簡単だが、複数となり、探す側も複数となると習熟が必要になる。

しかし、埋没した者を15分以内に見つけて掘り出さなければ、助かる確率は大幅に低下することを掴んでおこう。なので、大切なのは、一にも二にも雪崩を避けることである。そのためには雪崩のメカニズムを学び、雪崩に遭わないことだ。

本書は雪崩の専門書でないので詳細は省くが、雪崩の恐れのある場所は、従来からの雪庇や弱層、木のない急斜面だけでなく、風の影響が大きいことが解ってきている。

余滴2　流れ止めは万能か

流れ止めは、雪山に入る際には必ずつけることを勧めたが、これとて万能ではない。雪崩に巻き込まれるとどうなるか、巻き込まれた時はどう対処するか、異なる意見がある。

それは雪崩が起きそうなところでの行動は、敢えて流れ止めなし、ポールのストラップも外すのがよいとの意見が、少数だが説得力がある考えとしてある。

一般に雪崩に巻き込まれると泳げるような雪なら、手足を使ってもがき、出来るだけ雪崩の上部に体を維持したい。それにより雪崩が収まった時に体の一部を雪崩の上に出せれば、場所が特定でき迅速な救助が可能となるからだ。呼吸が出来る姿勢も可能になるかも知れない。流れ止めやポールはその動きを妨げるという訳だ。実は2010年に、この考えの仲間と著者が新雪雪崩に遭遇してしまった。二人とも助かったが、仲間はケガなく早く救助されたが、スキー板とポールを失った。著者は左足が流れ止めでつながったスキー板が引き込まれ、左足前十字靱帯を損傷した。が、スキー板、ポールとも確保できた。が、幸いロープウェイが近かったので、6人全員下山できたが、もしも深山で遭遇してスキー板やポールを失うと、ヘリによる救助となってしまう。

第四章　もたらしてくれた樹林

・樹林の醍醐味

登山は一般に里山から入り、色々な樹林を登って高山帯に至る。したがって、麓の林から偽高山帯や高山帯まで連続して存在する総体が山なのである。なので「山は林の上にある」のではない。「林が山の多くの部分を占めているのであるから、これを味わわずして、楽しまずして、山を語るな」と思うのである。全国的に見れば偽高山帯や高山帯の山ではない、頂上が林の中にある山の方が遥かに多い。従って、その林を楽しみたい。

まず、第一章の植生の垂直分布［1-10］から、山が存在する九州以北の日本には、次の３つの林があることを確認頂きたい。

●照葉樹林（暖温／低地帯）

九州から本州中部以西の低地に広がる、カシ、シイなどの常緑広葉樹が優占する林。二次林ではクヌギ、コナラなどの落葉広葉樹が多い。この林の春は、躍動感［4-1］に溢れて圧倒的だ。

●ブナ帯の林：落葉広葉樹林（冷温／山地帯）

九州の山地から北海道の低地に広がる、ブナ［4-2］、ミズナラなどの落葉広葉樹が優占する林。多くの樹種の落葉広葉樹からなるので、四季の変化が最も楽しめる林。本書ではこの林を、親しみを込めて「ブナ林」とする。

●亜高山帯針葉樹林（亜寒／亜高山帯）

本州の亜高山や北海道に広がり、本州ではオオシラビソ、シラビソ[4-3]、北海道ではエゾマツ、トドマツなどの常緑針葉樹が優占する林。

そして、これらの林は、過去にあった林が伐採後に自然に回復した天然林と、人の手が加えられていない原始林に分けられる。

さらに、本書でこれに加えるのが、

●人工林（材を利用するために人が植林してつくり上げた林）

[4-1]照葉樹林

[4-2]ブナ林

[4-3]亜高山帯林（シラビソ）

[4-4]人工林（スギ）

人工林の主な樹種は、本州ではスギ[44]やヒノキ、北海道ではトドマツ、そして双方の寒冷地のカラマツで、林全体の四割を占めるまでになっている。各々の人工林は、生育に適した場所が選ばれ、スギやヒノキの人工林は垂直分布でみると里山からブナ林の中程に分布する。里山から入山すれば、必ずと言ってよいほど通る林だ。

さあ、木々の香を楽しみながら森林浴を楽しもう。また、森林美を鑑賞しながら一息つくのもよし。フィトンチッド[注1]（林の精気）をいっぱい浴びて、身も心もリフレッシュしたい。

色んな林が存在する理由は、気温と緯度の違いにある。まず、気温が標高100《メートル》高くなる毎に、約0・65℃低くなり植生は変わっていく。緯度の違いは、本州中部から北海道中部までの水平距離900《キロメートル》が、標高差1000《メートル》ほどに相当するから、標高の違いほどは大きくない。つぎに、豪雪と強風の影響は、ブナ帯から亜高山帯の林において顕著に見られ、

注1　1930年頃、ロシアの科学者が、自由に動き回れない高等植物が、自分の身を守るために造りだして発散している物質を見つけ出し、これをフィトンチッドと命名した。フィトンは「植物」、チッドは「他の生物を殺す能力を有する」を意味する。具体的には、・害虫忌避、・有害菌の不活性化、・消臭効果、・精神安定効果（リラクセーション）などの効果があるので、森林浴をすると・大脳皮質を活性化、・高血圧を抑制、・神経系の緩和、・皮膚病や呼吸器系疾患の改善、・アレルギー性疾患の予防や回復等の医療、美容効果が認められている。なお、地球上の全植物から放出されるフィトンチッドの量は、全世界の工場排煙や車排気ガスなどの6倍にも達するといわれている。（岐阜県森林研究所のウェブサイトから抜粋）

日本海側と太平洋側を比べると、同じ垂直分布の林でも、植生の種類が異なるのだ。そして、偽高山帯を出現させている。

各植生帯を構成する植物は、「樹木（木本）」と「野草（草本）」に焦点を当てて、林の階層構造[4-5]に従って進めていきたい。すなわち、林冠を占める高木層から、亜高木層、低木層、草本層、林床（林の樹下の地表面）を、略して、それぞれを高木（樹高20～30メートル）、中木（10～19メートル）、低木（0・5～9メートル）、野草、林床とする。また、偽高山帯と高山帯の小低木の樹高は0・4メートル以下とする。

高さは、樹木は樹高から「高さ」、野草は草丈から「丈」を使い、また、樹木については、樹形や樹皮、葉、花、実などの特徴、野草については姿や花、葉の特徴などを、適宜、画像を添えて記述したい。また、建築設計を生業として色々な木材を設計に用い、自然の姿に思いを寄せてきたので、材の用途等にも触れたい。

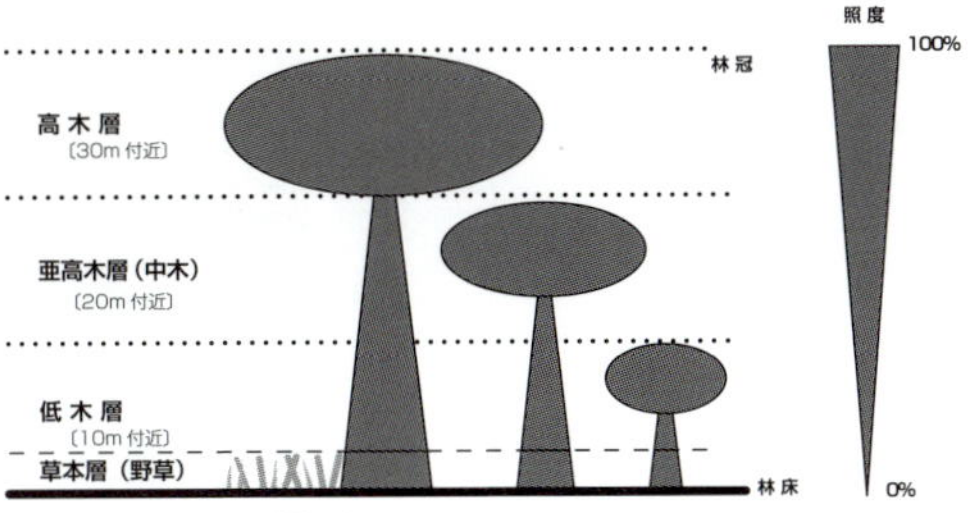

[4-5]林の階層構造

・・里山の林

登山は一般に里山から始まる。里山には、関東以西ではシイ、カシなどの常緑広葉樹林、その北東部の信越や東北ではブナ帯の落葉広葉樹林だった原生林を、田畑に切り開き、薪や炭を採るためにコナラ、クヌギなどの落葉広葉樹を植えた天然林の林がある。その林は1950年代までは、主に薪や木炭を得るために定期的な周期で、伐採が繰り返されて長い間、景観が維持されてきたところである。また、そこでは生活を豊かにするために、サクラやモミジ、イチョウ、タケなどが植えられてきたので、今でもそれを楽しむことができる[4-101]。忘れかけている日本人の「ふるさと」に出会えるところだ。

[4-101]紀伊の里山 11/15

春は、道端にヤマブキやウツギが咲き、「里に春を告げる花」のコブシが続く。次いでコナラやクヌギの芽吹きから新緑への色の移り変わりは、常緑樹を引き立て役に、日々、変わっていく様は美しい。これは、落葉樹の木々の新芽が、本格的な光合成を経て新緑になる前の僅か1~2週間、葉緑素が十分でないため葉の本来の色素が見えて、淡い黄や赤、緑、褐色の秋のような色彩となる。これを「春もみじ」[4-102]といい、里山にある天然林から始まってブナ林へかけ登っていくのである。これにサクラの花や常緑樹の緑が加わるとダイナミックな眺めとなり、里から見ると「山笑う」[4-103]となる。メダカが棲みギフチョウが舞い、トンボやホタルが飛び交う。「赤とんぼ」のアキアカネはここで孵化し、夏になると涼しさを求め山に上がって過し、一人前に成長して、秋に里山に戻る。そして交尾し産卵後、生涯を終え、卵は水中や泥の中で越冬して春にヤゴとなる。さえずりの声がきれいなウグイスは、里山から高山帯まで広く分布する留鳥（年中一定の地域に住む鳥）だが、恥ずかしがり屋で「藪鳥」の別名通り、1《メートル》先の繁みの中で鳴いても姿はめったに見せない。そして、木々が芽吹き、花を咲かせ、その蜜に昆虫や小鳥が群がる。深緑へ移行する途中で、これを食草とする昆虫の幼虫が大量に発生し、空中には小さな虫が湧く。これを求めて鳥達が集まる。人家に守られ巣をつくり、せわしく空と跳びまわる渡り鳥のツバメは、ここまでは見ることができるが、ここから上部は、山に居るイワツバメの領域だ。鳴き声のよいオオルリやキビタキ、アカショウビンの声も聴け、これらの雄は、いずれも個性的な色の組み合わせを持つ。

［4-102］川治 4/25

［4-103］倉吉 4/15

また、小さな蝶ではヤマトシジミやベニシジミしか見ていない人にはびっくりの、翅の表が緑色や青色の金属色に輝くミドリシジミの仲間にも出会えるところだ。この樹上性のシジミは、「ゼフィルス」の愛称を持ちブナ林にかけて分布する人気の蝶だ。また、道の水溜まりにミヤマカラスアゲハ［4-104］が群がり、小魚の棲む清流があれば「飛ぶ宝石」と人気の高いカワセミにも出会えるかもしれない。

真夏の木々の葉は、深緑へと進み、クヌギの樹液には、スズメバチ、カブトムシ、カナブン、タテハチョウ達が群がり、アブラゼミの大合唱の場だ。秋にはマンジュシャゲの花が地を覆い、木々は紅葉、黄葉して色を競い合い、沼や湖には冬鳥が集まりはじめる。休耕田にススキの穂がなびく姿に出会えるかも知れない。

冬の太平洋側の里山は、雪が少なく、晴天が続いて遠くまで見渡せる。カキの実が残ったなつかしい風景にも出会える。

里山には、常緑針葉樹のアカマツとモミもある。アカマツは、樹肌が赤みを帯びているマツから名が付き、マツの中で最も広く分布し乾いた痩せた山地にも生育しているが、多雪に弱い。材は、建物の梁材や摩耗しやすい敷居や床材、そして皮付き丸太で床柱に多用される。

［4-104］日原林道 6/11

また、樹脂分を多く含むため火力が強く、陶器の登り窯や、京都の五山送り火の薪として使われる。その林は、高級キノコのマツタケを産するが、年々、採れる量は減じている。モミは、里山からブナ林にかけて生育する樹形が美しい日本特産の常緑針葉樹で、大木となる。材は、白色か淡黄色で、吸湿性があり、匂いも無いため、食べ物が直接触れるもの（おひつや米びつ、かまぼこの板、割りばしなど）に使われてきた。さらに清浄な感じを与えることから、冠婚葬祭に関連したものにも使われる。

古くから利用されてきた落葉高木のシナの木も、この林にある。樹皮から強度のある繊維が採れロープや籠の材料となり、織られて科布となった。科布は、古くは三大織（芭蕉布、葛布、科布）のひとつで身近なものであったが、合成繊維にとって代わられてしまった。今では帯や帽子、のれん、バックなどの工芸品に人気がある。また、材は年輪が不明瞭で加工しやすいので、現在でも彫り物や合板に利用されている。さらに、花からは良質の蜂蜜が採れる。

参考文献で知った意外なひとつが、里の木と思っていたケヤキの自生地が、里山から上部のブナ林にかけての河川上流部の岩が多い多湿地で、里で目にするケヤキはヒトが植えたものだとのこと。となると、目にする公園や屋敷のケヤキは、どちらかというと乾燥地なので、本来、適したところでないのに、美しい樹形の大木となるので感謝だ。東京でも表参道や丸の内仲通りなどで街路樹に使われ楽しませてくれている。その材は、腐りにくく、耐久性があり、摩耗に強く、木目も美しいことから、建物の野ざらし部分や家具、和太鼓などに昔から使われてきた。名の由来は、「けやけき木」で、「けやけし」はきわだって優れている意味である。

▼ハリエンジュ[4-105]

ニセアカシアの別名の方が一般的な外来種で、生育エリアを広げた木だ。関東では、川沿いや湿気がある所で、5月頃に黄色がかった白い花をフジのように総状花序に咲かせ、あたり一面に甘い芳香を漂わせるので、この時期の入山時の楽しみのひとつだ。東北では、見上げる山全体が一面、白い花に覆われるところもある。明治期に各地の銅鉱山や山の崩落地で、緑を復活させるためにアメリカから入れたものだ。あまりの増え方に、日本生態学会は「日本の侵略的外来種ワースト100」に選定し、国は外来生物法の「生態系被害防止外来種」に2004年指定して駆除を検討したことがあったが、この木の花からクセがなく人気の蜂蜜を採る養蜂家から反対の声が上がり、今も各地で、そ

[4-105]小淵沢 5/18

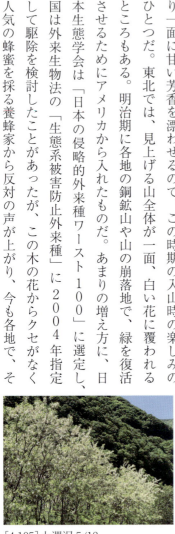

の駆除の是非の議論が続いている。また、昔は民宿やペンションで、この花の天ぷらを出していたが、最近はどうだろうか。この花が終わると、小さな扇子を広げたような淡紅色の花を多数つけるネムノキが咲き、夏が近づく。

▼タケ

タケノコが「春の味覚の王者」と呼ばれるモウソウチクと、弾力性に富み建物や竹細工、七夕の葉竹に用いられるマダケは、共に高さ20メートルにもなる大型のタケで、その林は里山の景観の主要な部分を担っている。前者は、江戸中期に中国から伝わって、瞬く間に全国に広がった。後者は、固有種か伝来種か定かでないようだ。両者の見分け方は、モウソウチクは葉が重くてタケの先が垂れるのに対し、マダケは真っ直ぐ上を向くので、遠くからでも簡単に見分けることができる。面白いのは、その葉の季節の移ろいで、一般の落葉広葉樹林と逆なのだ。タケの葉はタケノコの出る春に栄養を奪われて黄変[4-106]し

[4-106]宮ケ瀬 4/10

[4-107]一乗谷 10/29

て秋を思わせ、他の木々が紅葉する秋には青々と勢いを取り戻してくる［4-107］。これを俳句の世界では、前者は「竹の秋」といって春の季語、後者を「竹の春」といい秋の季語だ。

タケは、昔から生活に最も身近なもののひとつだった。春にモウソウチクのタケノコは店頭に並び、マダケは建物の床柱や濡れ縁や塀、生活用品の細く割いて編んだザル、籠などや箸にも使われてきた。葉も殺菌力があり、色合いがよいことから料理を包んだりして利用してきた。だが、タケノコは安価な外国産に押され、タケ材の需要もプラスチック製品により激減、さらに過疎化が進んだ結果、放置される竹林が広がって竹害が問題となってしまっている。環境志向や本物志向が進んで、再びヒトと共存することを願いたい。

▼ヤマザクラ

里山にはソメイヨシノが多いが、里山とつながる天然林には、高さ20メートル程のヤマザクラやウワズミザクラ、カスミザクラ、15メートル程のオオヤマザクラ、深山に限られるミヤマザクラなどの自然種のサクラが続く。これら山のサクラは、上部のブナ帯の林まで分布し、花は、各々、個性ある美しさを誇る一方、秋に最初は黄色から始まり最後は、渋い紅葉となるので長く楽しめる。山地に広く自生し、古くから人々に愛されてきたヤマザクラ［4-108］は、野生のサクラの代表格で、花は若葉が出るのと同時に咲き、花は白色または淡紅色、新芽は赤、黄、緑色など変異が多い。カスミザクラとミヤマザクラは、小さめの白い花を小さな葉が出るのと同時に咲かせる。紅紫色の大きめの花つけるオオヤマザクラは、花の色が濃いのでベニヤマザクラとも呼ばれ、日本海側と北海道に多い。この花も葉と同時に開くが、若葉も赤味があるのが特徴だ。

変わりものはウワズミザクラ［4-109］だ。他のサクラが散った頃に、葉が出た後に長さ6～8センチもの細長いブラシのような白い花を上向きに多数つける。サクラの仲間だと教えられなければわからない。葉と花がたわわに風にそよぐ様はユニークだ。変わった名の由来は、昔、シカの肩甲骨の裏に溝を彫り、この樹皮で焼いて溝の周辺に生じる割れ目によって吉凶を占った。この裏溝が転じて「上溝桜」と書き、転訛したという。

古くからサクラは、皮付き丸太で床柱、板材で高級家具に使われてきた。普段、何気なく使っている茶筒もサクラの樹皮から造られてきた樺細工だ。また、サクラは、燻製食品の燻煙材に貴重で、香りが楽しめるストーブの薪としても人気だ。そして、葉の

［4-108］岩木山 5/2

［4-109］秋田駒ケ岳 6/17

塩漬けは桜餅、花の塩漬けは桜湯で身近である。

▼イロハモミジ

紅葉が見事なのがイロハモミジ。葉が直径5センチ程度と小さく掌状に5～7裂に深く裂け、イ、ロ、ハ、ニと数えたことから名付けられた。紅葉の樹木の代表格で、高さが15メートル、大きなもので30メートルにもなる。関東以西の太平洋側に分布し、一般にモミジというとイロハモミジ［4-110］のことだ。また、紅葉を「もみじ」と読み、「紅葉狩り」とか「紅葉マーク」など身近に使われている。太平洋側に多いオオモミジと日本海側の多いヤマモミジは、葉がイロハモミジよりひと廻り大きく、高さは小ぶりだ。これらも紅葉の過程が楽しめ、同じ木の葉なのに、黄色がかった色から始まり季節の深まりにつれて微妙に変化して、最後は全体が見事な紅葉となる。天気や陽光、霜の当たり具合などで変化し、気温が8℃以下になることや、適度な湿気も必要条件となる。またモミジは、他の落葉広葉樹と共に「春もみじ」の担い手でもあり、これについては、ブナ林の

［4-110］紀伊 11/15

ところで詳しく触れたい。

ところで、これらのモミジは、皆、カエデの仲間だ。モミジとカエデは学問的な区別はなく「カエデ属」で一緒なのだが、園芸界では葉が鋭く深裂するものをモミジ、浅い切れ込みのものをカエデとしている。そしてカエデの名の由来は、葉がカエルの手に似ていることから「カエル手→カエデ」で、イロハモミジと同じく手にまつわる名の由来が面白い。

▼タニウツギ

高さ2～5メートルの低木では、タニウツギとガマズミだ。共にスイカズラ科で、日当たりのある所を好む。タニウツギ［4-111］は、淡紅色の花を多数つけ、田植え時期になると咲くことから「田植え花」とも呼ばれ、親しまれている。里から上部の偽高山帯にかけてよく見られ、日本海側に多く分布して7月まで咲いてくれる。太平洋側では、やや高さが低く花がはじめ白色で紅色に変わるニシキウツギが多く、5～6月に咲く。ガマズミは雑木林や低山を代表する落葉低木で、初夏に小さな白い花を多数つけて美しいが、匂いは良くない。秋に赤く実り、晩秋に熟すと白い粉をふき甘くなるので、昔は子供の

［4-111］岩手山 7/7

ごちそうだった。材は強靭で柔軟性があり薪や柴を束ねたり、かんじきに使われ、生活に密着していた木であった。

高さ1・5メートル程では、林の縁の日当たりのよいところには、ヤマブキ、ウツギ、アジサイ、ハギなどの落葉低木、林の中には常緑のヒサカキやヤブツバキが見られる。全国に生育するヤマブキ[4-112]は、バラ科で4月になると直径4センチほどの鮮やかな黄色の花の5~8個付けた枝を風に揺らせる。太平洋側に多いウツギ[4-113]は、ユキノシタ科で直径1~1・5センチの小さな白い花を密に付け、名前は幹が中空であることによる。「日本百名山」の空木岳の名の由来で名高い。山野のアジサイは6~8月に咲き、ヤマアジサイやエゾアジサイは多数の装飾花をつけるが、関東以西にあるコアジサイは装飾花がない。

夏にはノリウツギとハギの仲間の花が咲く。ノリウツギはアジサイの仲間の高さ2~3メートルの落葉広葉樹で、日照さえあれば、全国の林縁、草原、湿地、砂礫地、痩せ地でも育つ。枝先に小さな白い花を円錐状に多数つけ、アジサイに似た少数の装飾花もつけ

[4-112] 日原街道 4/27

[4-113] 日原街道 4/27

る。その形から別名ピラミットアジサイと言われる。名の由来は樹皮から和紙を漉く時に使う糊が取れること。

ハギは種類が多いが紅紫色か白色の蝶形花を総状に多数つける。多くは枝がしだれないが、ミヤギンノハギは地に付くほど垂れる。

▼カタクリ

里山の春を告げる野草は、黄色の美花フクジュソウやフキノトウ（フキの蕾）で始まる。フキノトウは低地から高山まで分布するフキの若い花茎で地面から顔をだしたものをいい、雪国のフキノトウは、雪の中から顔を出し、そのみずみずしさは無雪地のものとは別物で、山菜の人気者だ。次いで、早咲き種のスミレとカタクリ、そしてハハコグサ、エンレイソウ、ノアザミ、ユキノシタなどが続く。

不思議なのは「春の妖精」カタクリ[4-114]だ。地上で葉を出して光合成をおこなって養分を貯められるのは、春先、他の木や野草は葉を広げる前の僅か1ヶ月余りしかないため、発芽から開花するまで8~9年も要し、ユニークな形の径10センチもの大輪の紅紫色の花を茎の先に咲かせる。3月から4月

［4-114］祝瓶山 6/8

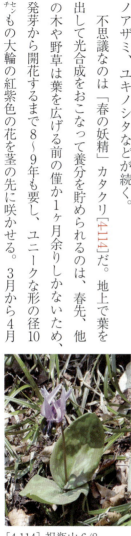

に花を咲かせた後は葉や茎の地上部分は枯れ、次の春まで冬眠してしまう。昔は、球根から片栗粉を採った。

ノアザミは山野に広く分布し、アザミの中で唯一、春の5月から咲き、直径4センチほどの赤紫色のきれいな花を上向きに一輪つける。似た花にキツネアザミやヒレアザミがあるが、アザミではなく、古い時代に渡来した越年草だ。他のアザミは夏から秋に咲く。

5月にはユキノシタは湿ったところに広く咲き、湿地や水辺ではカキツバタや6月になるとハナショウブが続く。

そして国内に自生する最大級の大きさで強い匂いをもつ花、ヤマユリ[4-115]の登場だ。さらに、中部以北の日本海側では茎頭に紅紫色の大き目の花と小さい2、3個の花の塊を下向きにつけるオニアザミ[4-116]が咲く。

▼イタドリ

7月になると日当たりのよい至る所で、丈の高い白い花のイ

[4-115]（引用・E）

[4-116]八方尾根 8/11

タドリに出会う。イタドリは、若葉を揉んでつけると痛みが和らぐ「痛み取り」が通説の名の由来で、若芽は「スッポン」と呼ばれ食用になり、著者も子供の時は盛んに食べながら遊んだ記憶がある。漢字表記の「虎杖」は、茎の虎斑点模様と軽くて丈夫で杖に利用されたことによる。また日本海側から北海道にかけては、高さ3メートル、葉の大きさは長さ15〜30センチ、幅10〜20センチにもなるオオイタドリがある。乾いた草原や河原によく見られるのが、丈が低く白い花のウスユキソウや丈が1メートルを超え淡黄色の多数の花をつけるアキノカラマツ、外来帰化種のブタクサの花も7月から秋だ。また、どこにも見られるヨモギも初秋に咲くが、葉に特有な香りを持ち、若葉は餅に入れ草餅となり、成長した葉は灸の「もぐさ」に、さらにはヨモギ茶やヨモギ湯などに使われる身近な有用植物だ。残念なのは、このヨモギの花は、ブタクサと共に、秋の花粉症の原因の花だということ。

　そして真夏から秋にかけて咲くキキョウは、青紫色の美しい花をやや上向きに数輪つけ品のある姿で咲き始める。本州中部以南の太平洋側では、鳥と同じ名でユニークな花姿のホトトギスも楽しめる。花にある斑点がホトトギスの首の斑点に似ていることから名づけられた。画像は日本海側の山で黄色の花を付けるタマガワホトトギス[4-117]。

[4-117]飯豊山 8/1

▼マンジュシャゲ

9月には青紫色の花を茎先や葉の脇に数輪つけるリンドウや、紫碧色の見応えする花（顎片）を多数つけるトリカブトが咲く。トリカブトは毒草中の毒草といわれ、里山から高山まで広く分布する。名の由来は、花に見える5枚の顎片の頂部の顎片の形が雅楽の舞いでかぶる兜（鳥兜）に似ていることによる。花はその顎片の中にある。この花については、筆者はまったく不案内につき、高山の一枚[4-118]を載せさせてもらいお許しを。また、秋の七草のひとつ、オミナエシが黄色の小さな花を散房状につける。

さらに彼岸に咲くことから「ヒガンバナ」ともいうマンジュシャゲ[4-119]。中国から渡来したものが広がったといわれ、40センチほどの茎を一斉に伸ばして先に赤い花を輪状につける。墓地に多く見られるのは、地下茎（鱗茎）に毒があり、土葬だった時代に遺体を獣に荒らされないように植えられたためらしい。10月には古くから胃腸薬に使われてきたセンブリや、明治期に渡来し旺盛な繁殖力で各地に広がってすっかり日本の秋に馴染んでしまったセイダカアワダ

[4-118]飯豊山 8/24

[4-119] 一乗谷 9/30

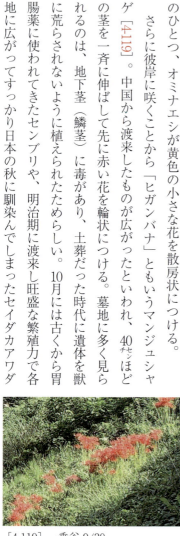

チソウがつづく。後者の丈は2～3メートルにもなり、茎先に大きな円錐状の花序をつけ、黄色の花を多数つける。秋に河原や休耕田でススキと一緒に大群生している風景をよく見かけるようになった。以前、花粉症の原因とされて汚名を着せられていたが、虫媒花で花粉を飛ばさないことや、花粉自体が比較的重いため、空中に漂いにくいことから、現在は疑いは晴れている。

・・人工林

里山の多くは、スギやヒノキの人工林[4-201]につながっていることが多い。人工林は天然林を伐採し、成長が早く、良質の直材が得られて経済的価値が高い針葉樹のスギやヒノキに置き換えられた林である。もともとスギは、北海道を除く本州、四国、九州に自生し、ヒノキも東北南部から太平洋側に自生して、建物や橋等に使われてきたが、江戸や大阪といった大都市を造るのに木材需要が飛躍的に増え、植林が始まった歴史を持つ。そして太平洋戦争と戦後の木材需要で荒廃した国土の再生を目指して国を挙げて植林を進めた結果、人工林は全体で日本の森林面積のなんと四割を占めるまでになって

[4-201]（ヒノキ）西丹沢5/18

いる。これらの人工林は日本海側で標高1000《メートル》位、太平洋側で標高1400《メートル》位まで分布しているため、標高の低い里山から入山すると、この林に出会うことになる。整然と植えられ、鬱蒼としてやや暗く、固有の香りがし、林床の様子も変わるため、すぐに気づく筈だ。香が強いのは、フィトンチッドの発散が針葉樹の林で多いためだ。

林内の昆虫や小鳥は、天然林に比べると少なく、静まりかえっている印象を受けるが、その静謐さを味わって欲しい。静かに舞うクロヒカゲ（ジャノメチョウの一種）は、林によく似合うし、夏のヒグラシの鳴き声は、涼感と物悲しさを感じさせてくれる。ヒグラシは人工林だけでなく、ブナ林などの広葉樹林にも棲む森林性のセミで下界にはいない。なので、このセミの鳴き声を聴くだけで山の中にいることが実感できる。また、この林で子育てをして南に帰る渡り鳥のブッポウソウは、「森の宝石」と呼ばれる頭と尾が黒、のどから胴体が青緑色でクチバシと足が赤く、飛ぶ時に羽の先端近くに青白色の大斑が出る美しい鳥だ。鳴き声が長い間、コノハズクの鳴き声と誤認され、名がついてしまったことでも知られている。

手入れのされた人工林の中は、思いの外、明るい。一方、

［4-202］道志　5/19

手入れされず放置されている人工林は見通しが悪く、暗いが、春にフジの花を愛で、詩を詠んでいる方々を見受ける。しかし、巻きつかれた木[4-202]にとっては死活問題で、フジの葉に日照を奪われて弱り、商品価値がなくなるのを待つことになる。

手入れの悪い人工林が増えたのは、戦後の経済成長期から今日に至るまで、外材（外国の木材）に価格競争で敗れて放置されたためである。2021年のテレビで、60年育てたスギの径27センチ、長さ4メートルの丸太を揃えて製材所渡しで、一本僅か2500円と報道されていた。海外の木材需要の増加により外材価格が上昇し、国産材も上がって来たとのことだが、健全な林業への道は、なお遠しである。

日本海側の斜面地で見られるのが、幹の根元に曲りがある「根曲がりの木」の林[4-203]だ。若木の時期に、毎年、4ヶ月以上もの長い間、数メートルの積雪の重みにより谷側にへし折られ、雪が消えて跳ね返すことを繰り返して、ようやく天に向かって伸びた証しなのだ。この現象は、豪雪地のブナ林などにも見られる。「根曲がりのスギ」は、以前は建物の小屋梁や入母屋造りの母屋などに使われていたが、建物様式が変わり、規格部材で建てるようになってこの材の需要がなくなってしまった。現在では、歴史的建造物の修復や、根曲がり

[4-203] 白馬 2/4

部分の特徴を生かした家具などに使われている。

▼スギとヒノキ

スギは日本特産で真っ直ぐに育ち、直材が得られて建築材に適していること、多雪地にも適することから、もっとも多く植林[注2]された。芯材は柱や梁として建物の骨組みに、辺材は板材にして利用されている。丸太は磨いて床柱に、樹皮は屋根材や線香にも使われている。また、薄い柾目板は曲木加工して「輪っぱ」となる。さらに、日本酒の香りつけの酒樽にも用いられている。名の由来は真っ直ぐの木「直木《すぐき》」とか、上に進み上がる木「進木《すずき》」の説がある。

注2　スギ人工林の植林と手入れ（森ナビ・ネットの「森づくり基礎知識」より）
・植林前に地面を覆っている草木を取り除く**地ごしらえ**を行う。
・3～4年苗木を1ha当たり2000～3000本単位で**植林**。
・植林後5～7年間、苗木保護のため下刈りを行う。ツル性植物については、その後も継続。
・8～10年後から**間伐**（発育不良等の伐採）が始まり5年毎におこなう。15年位から間伐材は商品価値を持つが、それ以前のものは除伐、切り捨て間伐と呼ばれバイオマス利用か捨てられるのみ。そして植林時の⅓まで減らして主伐を待つ。
・10年を過ぎると**枝打ち**（直材を得、節を残さないため、木の成長にしたがって下から順に高い枝を落とす）作業が、30年近くの間で計5回程行って主伐を待つ。
・そして40～50年、あるいは70年程度で**主伐**を迎える。

ヒノキもスギと同じく直に育ち、スギより良質の材が得られるが、多雪を嫌うために太平洋側に偏って分布する。法隆寺は現存する最古のヒノキ造りで、薬師寺東塔、唐招提寺などがそれに続き、古くから高級な建物に使われてきた。また、香りや抗菌作用があるので、建物の土台や浴槽、寿司屋のまな板に重宝がられている。樹皮は、檜皮と呼ばれ、神社や茶室の屋根材となる。さらにまた、ヒノキやスギの薄板は、筋目が通って削ぎやすく水に強いことから、古来より「柿葺《こけら》き」［4-204］という高級な屋根葺きに用いられてきた。名の由来は尊く最高のものを表す「日」をとった「日の木」、木をこすって火を起したので「火の木」等の説がある。

北海道では針葉樹の自生種はエゾマツとトドマツが二分するが、植林は苗木が得やすく、育てやすいことから圧倒的にトドマツである。

［4-204］養浩館

▼カラマツ

カラマツは、スギやヒノキと異なり、冷涼を好むため本州中部山地の標高千<ruby>メートル</ruby>以上から亜高山帯に自生する日本特産種。成長が早いため、長野や北海道で盛んに植林された。なので、

人工林のここで扱うことにする。名の由来は中国の絵画にマツに似ていることから「唐松」だが、日本産針葉樹で唯一、落葉し「落葉松」とも書く。雲取山や隣の飛龍山の標高1500～1900メートル付近にも広大なカラマツ林があるが、植えられたものだ。葉が針のように細いので林内は明るく[4-205]、芽吹きの新緑と秋の黄金色になる黄葉[4-206]は美しく、詩歌に詠まれてきた。また、風に強く、オオシラビソなどの他の亜高山帯の樹木が、倒壊しても生き残ると言われている。カラマツは、生育が早いが、材はスギやヒノキに見劣りするため用途が行き詰まっていたが、最近、加工技術が向上して集成材や構造用パネルに使われ大形の建築材の材として見直され、需要が伸びている。

[4-205] 空木岳 8/5

[4-206] 飛龍山 11/5

余滴3　スギヒラタケ

　著者が忘れられないのは、2004年のスギヒラタケ事件だ。このキノコは名の通りスギ林で採れ、食用キノコとして古くから北陸や東北で広く食べられてきた。それを食べて、多くの方が急性脳炎で死亡したのである。そこで生まれ育った著者も、母が近くのスギ林で採り、味噌汁の具をはじめ塩漬したものを戻して料理を作り、それを食べてきたキノコである。はじめは透析患者の方の死亡例が多いとの報道であったが、その後、健康な一般の方の中毒死も加わった。現在でも、国は原因が判明するまで食べないよう注意喚起している。

余滴4　花粉症

　近年の困った問題はスギやヒノキの花粉症だ。戦後に大量に植えられた風媒花のスギ、ヒノキが成長し、花粉生産力が高まったためで、この花粉を吸引しておきる発症するアレルギー性炎症だ。鼻づまり・くしゃみ・鼻水・目のかゆみ・結膜炎などを引き起こす。年々患者数が増え、国民の40％以上となったため、春の花粉が飛ぶ季節になるとテレビで予報を出すまでになった。同じ風媒花の夏から秋のヨモギやブタクサでも発症するが、スギ、ヒノキによる割合が圧倒的に多い。対策として、花粉の多い木の引き抜き、花粉の少ない苗木の植林がおこなわれ始めているが、花粉の少ない次世代林への交代が必要であるから、効果が出るまで数十年はかかることになりそう。だが、根本的な原因は、前項で触れた利用できる大きさに育ったのに需要が少なくて放置されていることにある。

・・ブナ林

江戸期以前の本州中部以北は、平地までブナやミズナラを主とする原生林であったが、時代が下るに従って平地や山麓は、農地や里山となり、スギやヒノキの人工林も加わり、現在では本州中部の太平洋側で標高700〜800メートルから標高1700メートル、日本海側では標高200メートルから標高1400メートルにかけて天然林となって分布している。

ブナは北海道の道南が北限で日本海側に多く、冬に乾燥する太平洋側では、仲間のイヌブナが幅を利かすものの、全体に数は少ない。

一方、ミズナラは、北海道から全国に広く分布するが、本州では日本海側より太平洋側に多い。理由はブナの方が豪雪に耐える力が強いことと、湿気を好むためだ。そして、ブナやミズナラが優占する林は、人工林や亜高山帯の針葉樹林と比べ

[4-301]ブナ林の四季

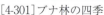

ると樹冠から林床にかけて木漏れ日が届く割合が多いことから、林を構成する高木層から林床に至る各層の植生が多彩で賑やかなのが特徴だ。

まずは、このブナ林の四季をご覧頂きたい［4-301］。そしてその多彩な植生は豪雪の日本海側と雪の少ない太平洋側とで異なることから、一口にブナの林といっても様子が違う。まず林床を覆うことが多いササ類を見てみると、日本海側ではネマガリダケ［4-302］やチマキザサだが、太平洋側はミヤコザサ［4-303］やスズダケとなり、両者の分布境界は、積雪深50センチのラインと一致するという。前者は茎（稈）に柔軟性があり豪雪の下で倒伏し、雪に保温してもらって冬を越し、雪融け時に一気に立ち上がって陽光を浴びて生育する。これに対し、後者は、高い耐寒性を持つことで対応している。ミヤコザサは、雪が少なく厳寒の北海道の道東の低地にも生育するが、冬に地上部が枯れても平気だ。ネマガリダケの新芽は、ササノコと呼ばれて、モウソウチクと区別され、信州から東北、北海道の日本海側で人気の山菜だ。アクがなく歯ざわり、香りもよいため「クマと奪い合うほど美味しい」と言われる。なので、タケノコ採りのクマの人身事故の多くは、ヒトもクマも採るのと食

［4-302］ニセコ 6/17

［4-303］雲取山 11/2

うのに夢中で、予期せぬ突然の遭遇時に起きてしまうと考えられている。なお、ネマガリダケは高山帯まで広く分布するので、景観形成については第五章で触れたい。

また、ササ類は、木なのか草どちらなのか議論もあるが、幹が固くなるものを木とするとササ類は木となり、幹が太く成長するものを木とするとササは木とはならなくなり、この程度の学識しかない著者はお手上げとなる。なので、本書では、ササは独自に位置づけさせてもらう。

さらにまた、日本海側ブナ林では、ブナ帯より低い常緑広葉樹林帯に分布のユズリハ、アオキ、イヌガヤなどの低木常緑樹が、豪雪を保温に利用して名を変えて標高の高いブナ林まで分布しているのだ。このように、植生は豪雪の影響が大きい日本海側ブナ林と雪の少ない太平洋側ブナ林とで別れている[4-304]。

加えて拍車をかけているのがシカの食害の差だ。雪が少ない太平洋側ではシカが増え、深刻な食害によって景観破壊が進行中だ。林床の植物がアセビやバイケイソウ、シャクナゲなどの

◆ブナ林内の植物◆

	日本海側	太平洋側
高木	ブナ ハウチワカエデ イタヤカエデ ミズナラ	ブナ ミズナラ ハウチワカエデ ウラジロモミ
亜高木～低木	オオカメノキ オオバクロモジ コシアブラ エゾユズリハ タムシバ ヤマウルシ ウワミズザクラ	リョウブ トウゴクミツバツツジ オオカメノキ アオダモ クロモジ ゴヨウツツジ タンナサワフタギ アセビ ウリハダカエデ コミネカエデ カマツカ
小低木・草本・笹	チシマザサ ツルアリドウシ シノブカグマ イワカガミ ヤマソテツ ヒメアオキ ヒメモチ ツタウルシ シラネワラビ	スズタケ ヤマツツジ シシガシラ アキノキリンソウ イワカガミ

[4-304]ブナ林の植生（引用・F）

有毒植物を除いて食べ尽くされるところが増えている。丹沢山塊では、本来の林床の様子は「防鹿（ぼうろく）柵」の中でしか見られない迄になっている［4-305］。一方、日本海側では、シカはササが深雪に埋もれて食べられず、シカの腹までの深さを超える深雪がシカの行動を阻害することから、豪雪はシカにとってバリアーなのである。なお、太平洋側のブナ林に混在しているモミは、本州中部で標高１０００メートルを超えると寒冷な気候を好むウラジロモミに入れ替わる。なので、数え7年毎におこなわれる諏訪大社（全国の諏訪神社の総本社）の御柱祭りに用いられる木は、一般にモミと言われているが、切り出される場所の標高を考えると、ウラジロモミであろう。

その1年を辿ってみる。春になって雪融けが進み、明るい日差しが降り注ぐと、太平洋側のブナ林では、まず林床のスミレやカタクリたちが、上部の木々の芽吹く前の僅な時間の陽の光を先取りして発芽・生育・開花を素早くやるものが多く、ついで、ツツジやオオカメノキ、カエデ類などの低木・中木の木々が、横に枝を伸ばして、高木が葉を茂るまでのこれも僅かな間に開花や芽吹きを終え、最後に樹冠のブナやミズナラなどの高木が芽吹き開花する。日本海側では、裸木の林の中で、まず、春を告げるミズバショウとタムシバの白い花が咲き、

［4-305］柵手前が食害後・大室山 5/18

次いで、春遅くまで地上に残る雪の中で、ブナは芽吹き開花する。芽吹きとともに役目を終えて落下したブナの冬芽の大量の鱗片で、雪の上は赤茶色に染まる［4-306］。そして、太平洋側、日本海側双方のブナ林では、里山の林に遅れるが、同じように、新緑になる前の僅か1～2週間、葉緑素が十分でないため葉の本来の色素が見え、淡い黄や赤、緑、褐色の秋のような色彩となる「春もみじ」が見られる。

季節が進むと林内はセミの鳴き声が満ち、木漏れ日の中でミズキ、深緑の中でナナカマドやヤマボウシなどが花を咲かせる。その花蜜を求めてハチやアブ、チョウが集まり、里山の林に次いで、木々の若葉にはガやチョウの幼虫（毛虫や芋虫）が群がり、6月にアブ、ブユ（ブヨ）、ヤブカなどの虫が林内に大発生すると、これを求めて渡り鳥を含む多くの鳥や肉食昆虫が集まって、林がもっとも躍動する時だ。これらの虫は、登山者にとって不快で苦痛であるが、これが日本の山の豊かさの証なのだから受け入れよう。そして、前年までの落葉でフカフカした厚い絨毯のようになった林床は、雪融け水や雨水をたっぷり貯え、その水を吸い上げるためブナ林の木々は、広くしっかり根を張ってくれる。ブナ林が「緑のダム」といわれる所以だ。

［4-306］岩木山 5/4

やがてウルシの紅葉が秋の到来を知らせ、黄葉したブナやミズナラは、秋が深まると黄色から茶色となって落葉するが、栄養たっぷりのドングリをつける。豊作の年の登山道は、ドングリで足の踏み場もないほどになり、ネズミやリス、クマ、鳥たちに食を提供することから「生命のゆりかご」ともいわれているが、落ちたドングリからの発芽・生育は、極めて稀らしい。この林の更新については、次の亜高山帯の林で詳しく触れたい。秋は、この林がもっとも装う季節[4-307]だ。鮮やかな黄色のダケカンバやイタヤカエデ、やや渋い黄色のブナやミズナラ、派手な赤のコミネカエデやツツジ、落ち着いた赤のナナカマドやサクラ、オオカメノキ、浅い黄色のコシアブラといったところだ。これに常緑の木々が混じる遠景は、絢爛豪華な錦織[4-308]となって素晴らしい。しかし、木々の紅葉に順番があって、樹冠を構成するブナやミズナラが最初に色づいて落葉すると、カエデやツツジなどの中低木が色づくのだ。霜の当たり具合によるのだろう。また、ダケカンバは、他の木々にお構いなくさっさと黄葉して落葉し、カラマツがやや遅

[4-307] 檜洞丸 11/15

[4-308] 屏風岳 10/4

れて見事な黄金色となって紅葉の山の最後を締めくくる。

さらに季節が進み、葉が落ちた裸木にびっしりと残ったナナカマドやカンボクの赤い実も印象的だし、落葉の積もった林の中の道をかさこそと歩くのも気持ちがよいものだ。紅葉は、春もみじと逆に山の上から始まり、里に降りていく。夏の渡り鳥たちは去り、日本海側のブナ林では10月、太平洋岸のブナ林も12月には雪が降り始め、昆虫は冬支度をし、クマは冬眠し、落葉は土壌生物によりゆっくりと分解されて土に還っていく。豪雪地のブナ林では雪が、常緑低木を低温から守って静かな長い冬を迎える。動くものは枯れたウルシの実をついばんでいるシジュウカラや雪中で餌を探し廻るウサギやシカ達に限られる。

気懸りなのは、全国的に被害が広がるミズナラのナラ枯れ病と太平洋側の丹沢や奥多摩のブナ林が、ブナの古木のみで、若い木がほとんど見当たらないことだ。ナラ枯れは、里山のコナラが木炭や薪に使われなくなって放置したため大径木となり、これを好むキクイムシの一種が媒介するナラ菌による大量枯死が、ミズナラに伝播したものだ。まさに人間の勝手な行動が引き起こした結果なのだ。若い木が見当たらない理由は、太平洋側のブナ林は、雪が少ないため種子の乾燥や凍結による死滅の確率が高まるためと言われているが、著者は若木がシカの食害にあうことも理由と思っている。

▼ブナとミズナラ

ブナは一本立ちで直立した雄大な樹形（[4-301]参照）となる。その姿から「森の女王」、豪雪地に多いことから「雪の申し子」とも呼ばれる。樹皮はなめらかで色はやや明るい灰白色、そこに黒っぽいブナ独特の大きめの斑紋（地衣類によるまだら模様）がモザイク状に付いて、林の中で目立つ木である。寿命は１５０～４００年といわれ、ドングリをつけるのに40年を要するというから、「モモ・クリ3年、カキ8年」とは大違いだ。葉は、長さ4～9センチの先が尖った卵形で、葉の縁は平行に走る葉脈の先が少しくぼむ[4-309]。地図も道も無かった昔、山に入った人が、柔らかい幹に「ナタ目」と言われる目印を付けたが、道を歩く登山者が、意味をはき違えて落書きを彫るのは慎みたい。また、大木になると枝ぶりが奇形していくのも特徴だ。そして、この他のドングリはアク抜きが必要なのに、ブナは、唯一、手を加えないでそのまま食べられる。ミズナラのアク抜きはドングリのままで晒すと数か月かかり、トチに至っては、縄文人はその方法を見つけるのに長い年月を要した。

　ミズナラは、直立もするが、根元から大きく傾いてそのまま大きくなるものや、根元から数本の株立ちのもの[4-310]も多く、ブ

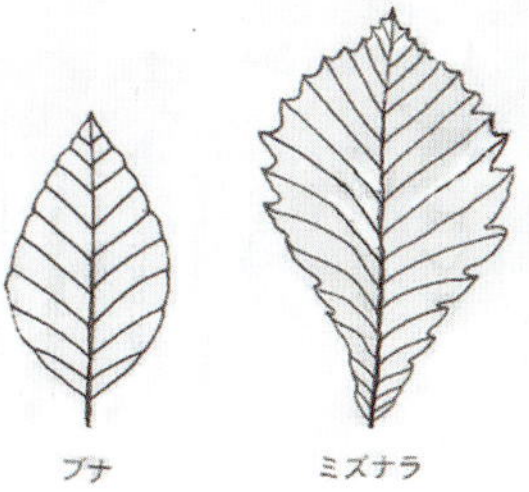

[4-309] 葉の違い

ナとは対照的だ。樹皮は縦に不規則な裂け目を持ち、色は黒褐色である。ドングリをつけるのに10年程でブナより短い。寿命は５００年以上ともいわれ、北海道には樹齢千年を超えるものもあるらしい。葉は、長さが5～20センチの長楕円形で葉の縁は葉脈の先が尖りギザギザした鋸歯を持つ（[4-309]）。共に樹高は30～35メートルくらいになり、林の上部で太陽光を直接受ける林冠部分の多くを分け合う。

[4-310] 白樺山 6/19

ブナの名の由来は、材質が腐り易く乾燥に伴う狂いが大きかったのと、林道がなかった昔は、山奥に多かったために搬出が難しかったことから、役に立たぬ木とされ「歩があわない木」や「ぶんなげる木」からの転訛といわれている。そして材としての格付けが低かったので、漢字では何と「橅」があてられた。しかし、１５０年前、ブナの曲げ加工が容易な材質に着眼し、デザイン的に優れ、量産が出来る画期的な曲木家具が、ドイツのトーネットにより考案され[4-311]、世界中に普及した。著者が学生であった１９６０年代の喫茶店の椅子はほとんどがトーネットのデザインによる日本製であった。

一方、日本では、戦後「ブナ退治」と呼ばれた大規模かつ徹底的な皆伐（林の樹木を、一本残らず全部伐ること）がおこなわれ、多くのブナ林は姿を消してスギやヒノキの人工林に変わってしまった。ところが、自然保護の機運の高まりで、ブナ林は「豊かな自然の象徴」と評価が劇的に変わり、93年の白神山地の世界遺産や2007年の林野庁の「奥会津生態系保護地域」の指定へたどり着き、登山地図には僅かなブナの林に「ブナ林」の標記がつくまでになった。

ミズナラは、幹や枝に水分が多く含まれて燃えにくいことから、漢字表記「水楢」が名の由来だ。材は木目が美しく、硬いため家具や内装に重宝されてきた。床材でナラフローリングと言えば、ミズナラを指すが、残念ながら現在のミズナラは、ほとんどが輸入材だ。「ブナ退治」の皆伐でミズナラも一緒に伐採されたためだ。またミズナラ製の樽は、ウイスキーなどの蒸留酒の香付け、色付けに用いられており、燻煙材にも利用されている。

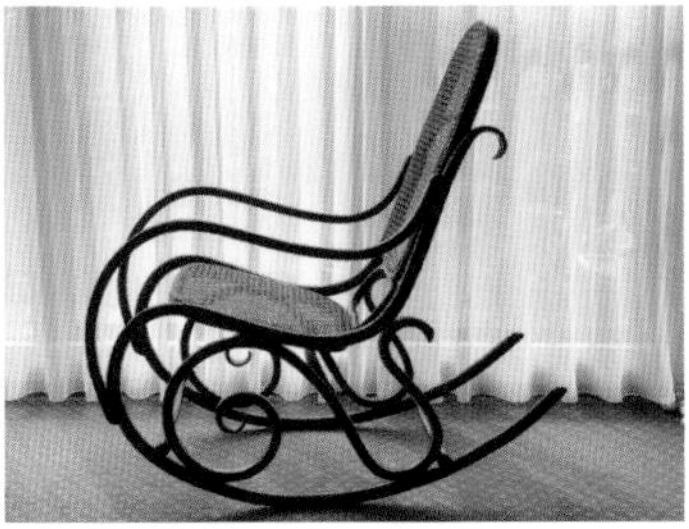

［4-311］ロッキングチェア

▼カツラ[4-312]

ブナ林でブナやミズナラの他で目立つ高木で、比較的標高が低く湿った所にあるのは、カツラやサワグルミ、ヤチダモ、シオジなどだ。ユニークなのはカツラで、春、葉が出る前に無数の小さなピンクがかった明るい褐色の花が咲く。そして新緑の黄葉、夏の緑葉、そして秋も美しく黄葉し、無数の花もハート形の小さな葉も枝の根元から先端まで、密につける。著者の記憶では、1965年の東京オリンピックで駒沢の施設に植えられたのを覚えている。以降、東京では方々の公開空地の樹木に採用されてきた。近年では、銀座の中央通りの街路樹に選ばれており、適応力がある木なのだ。ヤチダモは中部以北、シオジは関東以西と分布がわかれるが、共に谷沿いに生え、良材が得られ家具や内装に使われる。

はじめて見た時に、びっくりする大きな実をつけるのがトチノキ[4-313]。木も大木で、材は緻密で加工しやすく割れにくいので、昔は幹をくりぬいて臼や火鉢がつくられた。近年は個性豊かな杢目（もくめ）を楽しむ1枚板の甲板が人気だが、銘木級の値がつく。名は、トは「十」、チは「千」の実がたくさんなることから付いた。葉は長さが20～50チセンを超える葉が5～9枚が集まった掌状複葉、花は枝先に小さな花の集合体が高さ20チセンも高さの直立し

[4-312] 上高地徳澤 10/14

た白い円錐形、実がなるまで三代はかかるなどすべてジャンボだ。寿命も700年以上でミズナラと共にこの林の長寿頭だ。新緑や秋の黄葉がよいことから、以前、公園や街路樹に採用されたが、落ちた実が往来の妨げとなることから、最近は使われないようだ。また、実はアク抜きに成功した縄文後期からは食料となり、江戸期の飢饉や戦後の食糧難時にも活用された。

この林には大きな葉の木がもうひとつあり、ホオノキだ。トチノキに負けない大きさの葉[4-314]（ただし、縁にギザギザのない長楕円形）と、甘い強い香りのあるレンゲのような形の大きな花をつけ、落葉は木の下を埋め尽くすのですぐ存在を教えてくれる。材は狂いが少なく加工も容易なため、塗物の木地・家具・下駄・版木などに使われ、葉は殺菌作用があり大きいことから、若葉はカシワと同様に食べ物を包むのに利用されてきた。しかし、寿命は300年と短い。トチとホウノキは、初夏に林を見上げると他の木々の葉との大きさの違いで、また秋には、地表に散った落葉の大きさで存在が分かる。

［4-314］乾徳山 5/25

［4-313］（引用・G）

▼イタヤカエデ

林の中木や低木で、名の由来が面白いのはカエデの仲間。まず、葉が密生し板で葺いた屋根のように雨が漏らないことから名のついたイタヤカエデ[4-315]は、高さが20mとなる秋の黄葉の代表格だ。つぎに、葉の大きさがイロハモミジの2倍もあり、大きな葉を天狗の羽団扇にたとえて名が付いたハウチワカエデやコハウチワカエデ[4-316]は、美しく紅葉する。さらに、樹皮がマクワウリの実の色に似ていることで名が付いたウリハダカエデ、樹皮を煎じて洗眼に使ったことから名がついたメグスリノキなど、生活に因んだ名が面白い。これらの高さは10メートル《メートル》程度で、コミネカエデと共に、いずれも赤身がかった黄葉が美しい。他に高山種の黄葉系のミネカエデがある。ただし、ブナ林の中では、赤く紅葉する木でも、高木に日射が遮られると、紅葉せずに黄色のままのこともある。これらのカエデの仲間や、以下に紹介する中木、低木類の共通しているのは、弱い光で光合成をおこなうために、水平方向に広く枝葉を伸ばし、葉も互いに重ならないようにし、高木の葉や花が開く前に、葉や花を開いて太陽光を獲得する傾向があることである。

[4-316] 乾徳山 5/25

[4-315](引用・G)

カエデではないが山菜で面白い名のコシアブラ。樹皮は白っぽく平滑で、高さは20メートルになり、枝の先に5枚の葉を掌のようにつけるのが特徴［4-317］だ。日本海側の里山からブナ林、さらに2000メートル位の高山の林にかけて広く分布するが、太平洋側には少ない。ブナ林の中で芽吹きが早く、その若葉と葉柄は、春の山菜の代表のひとつで、独特の香りとほのかな苦味のバランスが素晴らしく人気が高い。木はよくたわむので、手が届かなくとも、簡単に引き寄せることができるので、採取は案外、容易だ。和え物、天ぷら、味噌汁の具などいろいろな料理に合う。また、花は8月に線香花火のような花序に黄緑色の花をつけ、秋には透明感のある淡い黄葉になり、紅葉の林に色を添えてくれ、最後は白くなって散る。実は黒色に熟し野鳥やクマの好物だ。変わった名の由来は、昔、樹液をろ過して、刀や槍などの錆止めに使った「漉し油」から。

［4-317］無意根山

これ以降は、樹木の高低順ではなく、花の咲く時期などをグループに分けて記述し、最後に野草とする。

▼タムシバ

この林で、一番早く花を咲かせて春の訪れを告げる木は、マンサクとタムシバだ。共に葉を出す前に目立つ花をつける、高さは前者が5～6メートル、後者が3～10メートル程で、花の色は、マンサクが黄色、タムシバは白色で、花の形も大きさそれぞれである。マンサクは「まず咲く」がなまった説と「豊年満作」から来た説があり、花の形も面白く、秋の黄葉もよい。タムシバ[4-318]も葉が出る前に、日本海側の多雪地の山で、大き目の香のある白い花を多数つけ、まだ早春の冬枯れの林の中で、雪のように白く彩るため、遠くからよく目立つ。「山に春を告げる花」としてお馴染みだ。名の由来は、昔、林業の人達が葉や枝をガムのように噛んだ「噛み柴」だ。似た花にコブシがあるが、こちらは「里に春を告げる花」で、タムシバより標高の低いところに分布し、葉の芽吹く時期や葉の形、葉裏などの違いから見分けることができる。

　太平洋側に多い常緑のアセビ[4-319]は、丈は2～9メートルとなり4～5月に白い壺形の花を多数つける万葉植物のひとつだ。有毒植物でシカの食害に遭わないために、食害が進行した太平洋側の林内で存在感が大きい。

[4-318] 祝瓶山 6/8

[4-319] 子持山 4/23

▼ナナカマド

葉が出た後の4～5月に円錐花序（ナンテンのように円錐形となる花のつき方）に白い小さな花をつけるアオダモ、5～6月に咲くミズキ、6～7月に咲くヤマボウシやナナカマドらは、深緑の木漏れ日の中で、美しい白系の花を茂った葉の上に咲かせる。アオダモは、葉を水に浸けると水が青くなることから名が付き、イチローのバットで有名になったが、良材で昔から「バットの木」と言われてきて、紅葉もグッドだ。枯渇のため関係者が「アオダモ資源育成の会」をつくって資源確保の取り組みを始めている。

ミズキ[4-320]は沢筋に多く、枝を大きく水平に階段状に張り出すので、「テーブル・ツリー」とも呼ばれる中木だ。その葉の上に淡黄白色の小花を集めた散房花序（各花が殆ど一平面に並んで咲く花）を多数つけるため、花も階段状となり目を引く。また若枝は冬に紅色となって美しい。名のいわれは、枝を折ると水のような樹液が出ることから。ミズキの仲間のヤマボウシ[4-321]も品のある白い花（4枚の花弁）を咲かせる中木だ。秋には甘酸っぱいうまい実を付けてくれ、紅葉もよい。面白い名の由来は4枚の先が尖った白い花び

［4-320］西丹沢 5/19

［4-321］札幌手稲 6/17

ら（総苞片）を白い頭巾、中央の丸い花穂を坊主頭に見立て「山法師」とした。

ナナカマド[4-322]は、この森から高山帯まで広く分布する。複散房花序に小さな白い花を密につける。紅葉の色は、鮮やかな高山種と比べるとややくすんだ赤であるが名高い中木だ。赤い房状の実は、葉が落ちても冬まで残って、目を楽しませてくれている。なので、1960年代以降、北国や標高の高い街の街路樹にも採用されている。ユニークな名は「燃えにくく、かまどに7回入れても燃え残る」と言われているが、実はよく燃え、「7日間炭焼き窯に入れ、良い炭を得る」の「7日かまど」からの転訛のようだ。

▼リョウブ

林の中で幹を一目見て、一瞬、息をのむ木がリョウブ[4-323]だ。高さは10《メートル》ほどになる落葉樹で、全国に分布するが太平洋側に多く、明るい茶褐色の樹肌は、縦長に薄く剝がれやすく、あとはなめらかな白灰色となって、他の木々の樹肌と際立った違いがある。著者は、心の中で「森のヌード」と呼んでいる。樹皮がシカの好物らしく、

[4-322] ニセコ 6/18

[4-323]茅ヶ岳 5/17

剥がされて痛々しい姿が目を引く。花は、他の多くの花が終わる夏に咲き、小さな淡黄色の花を円錐状に密につけ、よい香りを放つ。また、土中の重金属を根から吸収し、無害化して生育することから、鉱山跡地の緑化に役立つ木であり、さらには、若葉を茹でて、乾燥させると長期保存できることから、昔は若葉を湯通しして乾燥させ飢饉用に備え置く大切な食料であった。漢字表記の「令法」はその名残なのだ。リョウブと似た肌のナツツバキやヒメシャラは、同じように樹皮が薄く剥がれるが、やや濃い褐色系のためリョウブほど目立たない。分布は前者が宮城・新潟以西、後者は箱根以西だ。

[4-324]岩木山 12/25

カシワ[4-324]は、花は目立たないが、葉は、秋に独特の色褪せた褐色となる中木だ。冬になっても葉の何割かを木に残すことから、防風林として使われたが、現在では金属製の柵に替わった。雪の原野に、葉を残した林は風情がある。また、若葉は柏餅に用いられる。

▼オオカメノキ

高さ2〜5メートルの落葉低木のオオカメノキ[4-325]は、早春のもえぎ色のブナ林でアジサイに似た散房花序を出し小さな両性花をつけ、縁に直径3センチ程の白い装飾花をつけて目立つ。

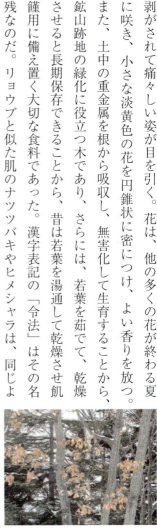

正式名はムシカリ（虫が葉を好んで食う：虫狩）だが、葉が亀の甲羅に似た長さ15センチもの大型卵円形で覚えやすく、虫に食われた葉もあるが、特段、食われていないものも多いので、ここでは別名を使う。夏に早くも実が赤くなり、9月にはランダムに黒くなって鳥が好む。また10月の紅葉も赤紫色から紅色に変わり美しい。夏には肌触りがよい大きな葉を、失敬してタオル代わりにさせてもらう。名の由来はこの葉からだ。

　やや遅れて咲くカンボクは、北日本の山に多く分布し、散房花序に小花をつけ、縁に装飾花が取り巻くのが特徴だ。ヤブデマリは、関東以西の低山からブナ林の谷筋に多く見られ、いずれもカマズミ属の仲間なので、似た白い装飾花をつける。見分けは、カンボクは葉の先が大きく3つに裂けるのが特徴で、ヤブデマリは5裂の装飾花の内側のひとつが極端に小さいため4裂に見える。また、カンボクの実は、大きく赤く熟すも、小鳥が食べないために、枝にびっしりついて残る姿は壮観だ。ヤブデマリの実は熟すと赤色から黒色に変わり、小鳥の好物だ。

[4-325]（左）八海山 10/4（右）岩木山 5/4

▼アカヤシオ

ツツジの仲間は、春に大きめの派手な色の花をたくさんつけ、また、秋には美しく紅葉し、四季を通してブナ林に彩を加えてくれる。概ね西日本の太平洋側に多いが、関東では4月の始めにアカヤシオ[4-326]やミツバツツジが、葉が出る前に淡い紅色や濃い紅紫色の花を咲かせる。続いて5月になると葉の出るのと一緒に咲く白色のシロヤシオ[4-327]と紅紫色のトウゴクミツバツツジ[4-328]が続く。両者が斜面で咲く様は桃源郷[3-329]のようだ。そして、朱橙色のヤマツツジ[4-330]も林の中で一緒に楽しめる。これらの花冠はいずれも径3~5センチの漏斗形だ。5から6月の草原では上記のツツジより大きめで朱橙色の花をつけるレンゲツツジ[4-331]が咲き、群生地は人気スポットになる。高さは1~2メートルと低く、よく株立し分岐する。花は葉の脇に総状花序を出し、花径6センチ程の大きな漏斗形の花を2~8輪つける。その花と葉が輪状に並ぶ様子をレンゲに

[4-326]子持山 4/23

[4-327]ミツドッケ 4/26

[4-328]ミツドッケ 4/26

[4-329] 丹沢山 5/3

[4-330]ミツドッケ 4/26

[4-331]乾徳山 6/17

見立てて名がついた。ただ、有毒植物で、シカや牛が食べないために、群生地になってしまった牧場もある。また、養蜂家はレンゲツツジの開花期を避けて蜂蜜の採取をする。

これに対し、花冠が筒形や釣鐘の小さな花をつける仲間も見られる。ヨウラクツツジやウラジロヨウラク［4-332］、チチブドウダンなどで、これらはいずれも花冠を総状に吊り下げる。同じドウダンツツジの仲間で、木も花もジャンボなサラサドウダンとベニサラサドウダンは、次の亜高山帯の林で主に見られるのでそこで取り上げる。

［4-332］焼石岳 6/29

▼ウルシ

秋の到来を知らせるのは、鮮やかに紅葉するウルシとニシキギ、そして、初雪頃まで密に目立つ赤い実を残すマユミだ。ウルシは、低木のヤマウルシと木や岩に張り付いて登るツタウルシがあり、いずれも触れるとかぶれるので、嫌われ者であるが、秋の到来を鮮やかな紅葉で知らせてくれる。また、その細かい実は冬まで残り小鳥たちの大好物だ。だが、これらから漆塗りの漆は採れない。漆は、ヒマラヤ・中国由来のウルシの木（中木）の樹皮に傷をつけて採る樹液からつくる塗料で、その木は、ブナ林より低い里や山里で栽培されている。

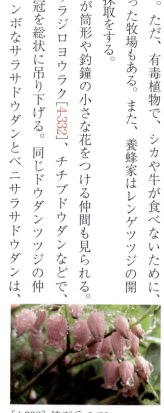

日本は英語でJapanだが、Japanは漆器も意味するから、伝来してから長い歴史があるということだろうが、異説[注3]もある。

▼シラネアオイ

林内の湿地の野草では、雪融け後の水辺の代表格、白色のミズバショウと鮮やかな黄色のリュウキンカが咲く。そして北国には、ずっと大型のエゾノリュウキンカもある。早春の見通しのよい林で、各々の群落を一緒に見られることもある。ミズバショウは、葉より先にトウモロコシのような花序を脇に抱く大きな純白の仏炎苞が群生する姿が美しく、水位が高いと、水の中に咲いているようにも見える、よくご存じの花だ。名は、花が終わると「芭蕉」に似た葉を出すことによる。リュウキンカの名の由来は、直立した花径に金色の花咲く和名標記「立金花」による。

林縁や草原では、4月始めから垂直分布が広く、花の色が、紫、白、

注3　中国より古い時代の**漆器**が、日本の縄文時代の遺跡から発掘されており、中国から持ち込まれたのではなく、日本国内に元々自生していた可能性も考えられるというのだ。
　また、採取法の違いなどからも、日本の漆を独自のものとする説もある。

［4-333］焼石岳 7/8

黄色のスミレの仲間が咲き始め、カタクリが続く。これらは、林内で高木の葉が出る前に咲く。

初夏の日本海側で大輪の淡いピンクの花を咲かせるのはシラネアオイとヒメサユリだ。シラネアオイ[4-333]は、日本固有の花で、豪雪地の雪田跡に咲く美しい花だ。花びらに見えるのは7センチもの4枚の萼片《がくへん》で、中央に2個の雌蕊《めしべ》を多数の雄蕊《おしべ》が囲む。ヒメサユリ[4-334]は、分布はさらに狭く、新潟・山形・福島の県境付近に限られるが垂直分布は広い。野生のユリの中で最も早く咲き、良い香りがある大きな筒形の花（径5～6センチ・長さ8センチ程）を横向きにつける。これらは、花が比較的大きく、色もよく、葉の大きさとまとまりもよいので人気の花だ。

サンカヨウ[4-339]は、5から7月に本州と北海道でこの林のやや湿ったところに咲く多年草で、濡れると画像のように透明になる花で名高いが、その仕組みは、まだ謎らしい。丈50センチ程の茎にハスに似た大きな2枚の葉を出し、小さい葉の茎の方に白い花を数個つける。花の後は濃い青紫色の実に変わる。漢字表記は「山荷葉」で「荷葉」はハスの葉で、水辺でなく山に自生するので「山荷葉」となった。

[4-334]会津朝日岳 7/4

[4-335] 焼石岳 7/8

[4-336]秋田駒 6/7

花が共に白く小ぶりだが、全体にバランスのよいツバメオモト[4-340]やマイヅルソウもよい。珍しい名のスダヤクシュは、信州で喘息をスダといい、これに効用があることから名付けられた。小さい白い花を斜め下向きに、ややまばらに繊細な花序をつける。

夏は、中部以北の花で色が変化するキヌガサソウ[4-337]が面白い。初めが白色なのに淡紅色に変わり、終わりは淡緑色に変化する。名の由来は、1本の茎から放射状に8枚ほど出す葉の様子が高貴な人にさしかけた衣笠（絹笠）に似ることにある。丈が50～120センチになり、白い糸状の小花を線香花火のようにつける涼しそうな花のミヤマカラマツソウ[4-338]も目に止まる。カラマツソウの仲間は長い枝先に糸状の細い雄蕊の花糸を房状につけ、低山から亜高山帯までと分布は広く、花の形がカラマツの葉に似ることから名がついている。さらに、林の縁や道端で、ユニークな形の淡黄色の花を下向きにつける丈が30～50センチのヤマオダマキ[4-339]がつづく。

日当たりのよい乾燥気味の礫地によく群生する丈30～60センチの多年草は、白色の花をつけるヤマハハコ、ホソバノヤマハハコだ。前者は長

[4-337]（引用・H）

[4-338]岩手山 7/7

[4-339]岩手山 7/7

野県以北、後者は西日本と分布を分ける。丈が2メートルにもなるヨモギの高山種オオヨモギも見られる。そして太平洋側の8月の林内には、エリアが限られるが「森の妖精」と呼ばれ淡紫色のレンゲショーマ[4-340]が咲く。名の由来は花を下から見ると蓮華の花、葉はサラシナショウマに似ることによる。夏の終わりから秋には、ほぼ総状に黄金色の小さな花をつけるアキノキリンソウがつづく。

草原には橙黄色のニッコウキスゲ（ゼンテイカ）が群生し、秋にかけてはトリカブトの仲間とマツムシソウが続く。ブナ林に多いトリカブトは、垂直分布の広いヤマトリカブトや高山種のホソバトリカブトなどらしいが、種類が30種もあり、著者は画像[4-341]は同定できていない。

関東以西の林内の湿った岩や倒木上には、ユキノシタの仲間のジンジソウが咲く。5弁の花弁の内、下の2弁が大きく、漢字の「人」の字に似ているため「人字草」と名づけられた。花期はユキノシタの春に対し9～11月だ。

また、ここから高山帯にかけて、早春に太平洋側の日当たりの

[4-340]（引用・I）

[4-341] 千枚岳 9/13

よいところで、びっくりする柄や色のチョウが現れる。成虫で冬を越した①キベリタテハや、その年に羽化した②クジャクチョウ、③コヒオドシなどだ。もちろん②、③も成虫で越冬する。これらの裏翅は濃い褐色で樹皮や落葉に溶け込んで目立たないが、表翅は大胆な柄や鮮やかな色が特徴だ。だが、止まるとすぐに翅を閉じるので撮るのに容易でない。ベニヒカゲなども加わって林の中や草原は賑やかになる。渡り蝶で名高い④アサギマダラは、やや弱々しくゆったりとした羽ばたきで飛ぶ。その謎は幼虫が食草から毒をもらい、成虫もその毒で身を守っているので、おっとりした跳び方で大丈夫ということらしい。が、夏の暑さを避けて北に向かい、そこで繁殖する筈なので、本州の深山で「あまり道草するなよ」と声をかけたくなる。

［4-342］

▼ブナハリタケ

10月の声を聴くと、心はブナ林に向かう。それも朽ち始めた大木や倒壊した古木が混じる日本海側の天然林に。ブナハリタケ（カヌカ）、ナラタケ、ムキタケ、マイタケ、ナメコ、クリタケ……。ブナ林にはキノコは年中あるが、最盛期は秋だ。

日本にはキノコ文化圏という区分があり、西の「マイタケ文化圏」と東の「雑キノコ文化圏」だそうだ。この東の雑キノコの多くを担っているのが日本海側のブナ林だ。

また、著者は「キノコ採り」というが、「キノコ狩り」の方が、人間の根源的な生業だった「漁労」や「採取」と並んでふさわしいという人もいる。確かに人間を夢中にする何かがあるように思う。しかし、観光に使われる「紅葉狩り」や「イチゴ狩り」と同列に使うのは、如何なものかと思う。隠れているもの、見えないものを探して採取するのだから、「採る」方に軍配を上げたい。キノコの生長は幼菌・成菌・老菌と進むが、食べられるキノコでも老菌は食べない方がよい。うまみが少ないだけでなく、消化が悪く、弱い毒性が顕在化するものもあるからと教わっている。また、キノコを採るには、多少の道具が必要だ。鎌型の専用のものもあるが、私は大型カッターナイフで済ましている。置き忘れ防止に、凧糸でベルトや手首と結んで使っている。キノコ採りを始めた頃、ナラタケを無造作にむしり取って土のついたままビニール袋に入れ、里に下りて小料理屋の親父さんに調理を頼んだら、えらく不機嫌な顔をされた。恥じてそれからは秋の入山時にはカッターナイフが常備になった。

ブナハリタケ[4-343]は、最もポピュラーで、成菌は独特の甘い香りを持つ。倒木に群生する適期のものは、耳を澄ますと、シーと水の滴る音が聞こえる。このキノコは、特に水分を多く含んでいるので切り取って、ある程度まとまる毎に、両手でよく絞って軽くしないと背負えないことになる。なので、大群落に出会っても、他の欲しいキノコを採った後にして、背負える範囲でブナハリタケを採るとよい。

次は、ナラタケだ。サワモダシの別名の通り、沢沿いに多い。成長が早く、旬に当たる期間が短いようだ。そしてムキタケ。毎年、誤食で被害がでる毒キノコ・ツキヨノダケの幼菌と似ているので、注意が必要であるが経験を積めば見分けられる。以上の三種類が収穫の多いキノコだが「ブナ林の宝石」ナメコ[4-344]が採れるとキノコ採りが充実したものになる。ナメコは同じ倒木に、黄葉期、晩秋、初冬と場所を変えながら、次々と生える。豆粒、1センチ位の幼菌、成菌の形が違い、味も違うという人もいるが、各発育段階の形、色、粘

[4-343] 栗駒山麓

[4-344] 朝日連峰

性の度合いが変わる魅力あるキノコだ。朝日連峰の帰り、登山口近くで思わぬ経験をしたことがある。キノコ採り山行でなかったが、出来心で登山道脇のやや弱ったブナの大木の根元にネマガリダケを分け入ってみると、何とナメコが縦に幾列にびっしり。1か所でまとまった量を収穫。登山口で仲間にお裾分けしていると、バスでキノコ採りに来て収穫が無だったという団体客から、さらに、お裾分けを嘆願される羽目になった。

心残りは、ミズナラに出る大株のマイタケに出会って、名の如くその周りで舞ってみたかったが、叶わぬままだ。出会ったのは、適期を逃し悪臭が漂いハエが集まっているナガレ状態のものだった。

・・亜高山帯の林

ブナ林の上部から森林限界までの間にあるのが、亜高山帯の針葉樹林である。この林の起源は、氷期に南下した北方の針葉樹林が、氷期が終わった時に取り残されて、高山に逃げ込んだと聞かされてきたが、最近の研究では、ひとたび、絶滅したものが４０００年前に復活したと言われている。本州では常緑針葉樹のモミ属のオオシラビソ、シラビソが多く、ツガ属のコメツガが続き、トウヒ属は南アルプスや八ヶ岳等に限定されるが、いずれも日本特産で幹は直径１メートルを超え、高さは20～30メートル、最大で40メートルに達する木々だ。これらの分布も主に積雪深さで決まり、雪の多い日本海側でオオシラビソ、少ない太平洋側でシラビソ[4-401]、コメツガと分かれ、オオシラビソが積雪４・５メートルまで、コメツガは積雪１・５メートルを超えると分布できないと言われている。

北海道ではモミ属のトドマツ[4-402]とトウヒ属のエゾマツが互角だ。トドマツとエゾマ

[4-401] 雲取山 4/27

[4-402] 無意根山 2/23

ツは、樹皮の色や枝の出し方、葉先などで、見分ける。そして、これに共通して広葉落葉樹のダケカンバが加わる。この林の針葉樹の寿命については、生育限界に近いためか、300年以下が多いらしい。

なお亜高山帯の分布面積は、北海道が7割弱と中部山岳の2割弱で大部分を占め、残りが東北、関東、紀伊、四国の山々に散在する。

森の中はブナ林より日光が通しにくいのでやや暗く、林床はササに加えてコケやシダも多く、それらが岩や倒木を覆い、雰囲気が変わるので容易に気づく。庭師がそれを見て感激し、作庭に用いたのであろうと思われるような風景[4-403]に出くわすことがあるが、とりわけ、この林に多いように思う。

< 熊倉山 >

< 御嶽山 >

< 西谷山 >

< 姫神山 >
[4-403]

次に、林の世代更新の様子に出会えるのもこの林とブナ林だ。ブナ林では登山道にも足の踏み場もないほどドングリが落ちているが、発芽したものに出会うことはほとんどない。道は太陽光が期待できるが、乾燥や低温、腐敗菌が待ち受けるためか。また、大部分のドングリは、ササやシダに覆われている地面に落ちるが、そこは太陽光が1％程度の世界だから発芽は難しいのだろう。鳥やリス、クマに食べられてその体内を通過した実は、発芽のスイッチが入っていると聞いているが、光のある所に排出される確率は、気が遠くなるほど低いと思われる。光がある道で発芽できても、人に踏み付けられたりシカに食べられる。有毒植物のシャクナゲやアセビの幼樹を見かける亜高山帯の森も同じだ。こんな環境の林の更新について触れてみたい。林の中で寿命や天災などで古木や大木が倒れて、そこだけ陽当りがよくなり明るくなって、他と違う状態になるところを「ギャップ」と呼ぶ。このギャップを利用するには幼樹か休眠芽となって待つことが必要となる。その代表的なのが倒木を枕（苗床）に使う「倒木更新」だ。倒木の上は林床より1《メートル》程高いので陽当りに恵まれ、倒木自身も養分の供給元となり、表面に生えているコケが湿度を保つなどが有利に働く。そして、「倒木更新」により実生した幼樹は、じっと我慢して「ギャップ」ができるのを待つのである。「倒木更新」はシラビソやコメツガ、北海道のエゾマツ、トドマツに多く見られ、ブナ林や屋久杉林でもみられる。

［4-404］飛龍山

また倒木更新の苗床となる木は巨木のことが多いので、複数の苗木がほぼ同時にそこで育って1列に並ぶ[4-404]ことがあるので、気付やすい。そして倒木更新で養分を与え続けた倒木は朽ちてなくなり、育った木は「根上がり」[4-405]と呼ばれる地面から浮き上がって根を残すことがある。これもこの林に多く見られる。

つぎは、ミズナラやダケカンバに見られる「萌芽更新」だ。ミズナラは、伐採の翌年に切り株や倒木跡から「ひこばえ」(切り株などの根元にある休眠芽が発芽したもの)と呼ばれる新芽が出て、元の根から水分、養分を吸収するので成長が早い。また陽樹のダケカンバは、ある程度成長し高さを確保すると、根元から萌芽枝を出して、次のギャップを利用して「萌芽更新」する。

このように、林の更新は、幾度かの偶然の重なりを利用して行われている。

[4-405] 右2枚：飛龍山　左：荒島岳

▼オオシラビソ

オオシラビソは、比較的積雪に耐え寒さに強いので、中部の日本海側から東北北部に分布し、蔵王や八幡平、八甲田などで冬に名高い樹氷[4-406]になる木である。シラビソは、雪の少ない太平洋側で純林をつくるが、コメツガ、トウヒなどと混在することも多い。

シラビソの名の由来は、葉の裏が白い檜とか、樹皮が白味を帯びヒノキの代用となるなど。オオシラビソの名は、球果（マツボックリ）[4-407]がシラビソより大きいのでついた。オオシラビソのマツボックリは、長さが10㌢にもなる青色か暗紫色の大型楕円形で直立状につけ、雌花もそれに似た姿だ。シラビソのマツボックリと雌花は、その約半分ほどだが、共に目立ち、見たら記憶に残る。これに対し、トウヒ、コメツガのマツボックリは、褐色で下向きにつき、長さはトウヒが5㌢程度、コメツガは数㌢とさらに小さい。樹皮はオオシラビソやシラビソは灰白色か灰褐色で、コメツガやトウヒの灰褐色や赤褐色よりも白っぽい。

[4-406] 蔵王 2/3

[4-407] 栂池高原 8/9

また、トウヒは日本原産なのに「唐桧」の漢字表記が名の由来で、「異国（唐）風のヒノキ」から付けられた。似た例はカラマツ（唐松（落葉松））や「唐木」といわれた「黒檀・紫檀・鉄矢木《タガヤサン》」にもみられる。日本のカラマツが中国の絵画の松に似ていることからつけられ、床柱や高級家具に使われる黒檀・紫檀・鉄矢木は南方の産であるが、日本に入って来た当初が中国経由だったため唐木となった。

この林の針葉樹の枝から、とろろ昆布が垂れ下がったように見え、幽玄な境地を醸し出すのがサルオガセ[4-408]だ。霧の多い深山に自生する藻に見えることから「霧藻」の別名がある。長さは1《メートル》程で色は灰緑色の地衣植物（菌類と藻類の共生生物）で、北海道では平地でも見られる。だが、霧などの空気中の水分を吸収し、自ら光合成をおこなって成長しているので、樹木から養分を採って弱らせることはないそうだ。なので、里やブナ林の落葉高木に寄生し、宿主の幹から半分くらいの水分、養分を吸い取って成長する常緑のヤドリギとは、基本的に違う。

［4-408］栂池高原 8/9

▼ダケカンバ

ダケカンバ[4-409]は前章でも触れたが、この林で更に存在感を増すので再登場してもらう。高さは10〜15メートルが一般的だが30メートルに達する大木もある。分布は、偽高山帯、亜高山帯の森林限界付近と高山帯と広く、幹や枝を自在に変えて豪雪や強風に耐えることができ、環境への適応能力が高い。日本海側の強風帯では、変形、奇形が珍しくなく、横臥した大木が、春に雪面上に現れることもある。また、多雪地の森林限界近くの急斜面では、針葉樹高木は減少するが、ダケカンバは、大木のまま残るのは、第一章で紹介した通り。さらに、雪の圧力や雪崩の衝撃に耐える力は、ハイマツよりも高く、風下斜面や雪崩が起きやすい急斜面にダケカンバ、雪の移動しにくい尾根筋にハイマツと住み分ける傾向がみられる。また、ダケカンバの秋の黄葉[4-410]は見事で、赤・黄・緑からなる錦絵の紅葉の中の黄色の中心的存在を担うが、他の木々が紅葉する前に早く散ってしまう。だが、落葉後の白い幹や枝の冬姿[4-411]もよろしい。樹皮は淡褐色で薄く剥がれ、このため、小屋のストーブの焚き付けに重宝する。

ダケカンバに似た木にシラカバがあるが、シラカバは高山に

[4-409]朝日連峰 10/25

[4-410]火打山 10/10

[4-411]日光 10/13

は無く、寿命は一般に100年未満と短く、40年程度という本もある。樹形、樹皮の色、果穂の付き方、葉の艶具合なども異なる。しかし、秋の黄葉は共に美しい。

さらに、仲間に樹皮が暗褐色で、中部以北の太平洋側に自生するオノオレカンバがある。年に0・2ミリしか太らないために、斧が折れるほど硬いことから名付けられ、金属加工用のノコで加工されて極上の櫛になるという。

▼サラサドウダン

このツツジとベニサラサドウダンは、他のツツジの花が終わった6月に咲く。共に、高さが4～5メートルほど木の枝先に2～3ミリの花序を下げ、多数の鐘形の花を鈴なりに多数吊り下げる。西

[4-412] 焼石岳 6/30

[4-413]白毛門 6/25

[4-414] 大高山 6/20

日本の山地に多い高さ1～3メートルの小さな壺形の白色の花をつけるドウダンツツジの近縁種であるが、こちらは偽高山帯や亜高山帯に自生し、中には高さが9メートルにもなるものもある。高さがあるので、花も見上げるようになる。見分け方は、花の色がは黄白から先端が淡紅色のサラサドウダン[4-412]に対して、ベニサラサドウダン[4-413]は紅色ということだ。

花の大きさは後者の方がやや小さく、密につく印象がある。分布は、前者が近畿から東北と比較的広いのに対し、後者は長野、群馬、新潟、福島の県境付近に限られて狭いが、偽高山帯の山では、ブナ林でも見られる。ベニサラサドウダンの花は、20年程前に安達太良山で初めて出会って印象に残り、花盛りの山を求めて歩き回ったが期待は叶わなかった。が、ようやく野反湖の西にある大高山（2079メートル）で、花であふれ返る林[4-414]に遭遇できた。また、紅葉も美しい。

▼シャクナゲ

やや暗いこの林で出会うと、うれしいのがアズマシャクナゲとハクサンシャクナゲの花だ。前者の高さは3メートル程で、後者は少し低い。共に革質の長楕円形の密の葉の間近上に、前者[4-415]は淡紅色の花を、後者[4-416]は白色から淡黄色の花を密につける。ひとつの花冠は前者が直径3～4センチの漏斗形（朝顔の花に似た形）、後者はやや小さく、共に10個もの花冠を束にするので見栄えがする。分布は、前者が関東、東北南部の亜高山帯針葉樹林に限られるが、後者は、本州中部から北海道の亜高山帯から森林限界上部のハイマツの中まで広く分布する。なので、広く分布する後者の一部に前者が重複して分布することになる。花以外の見分け方は、葉の基部の形が「くさび形」が前者、「角ばった形」が後者なので簡単だ。開花期は前者が5～6月と早く、後者は6～8月だ。他に本州中部以西、四国のホンシャクナゲ、紀伊半島西部、四国、九州の高いところにツクシシャクナゲが住み分けている。ホンシャクナゲ[4-417]は、野生シャクナゲの中で、最も豪華な花（直径5センチほどの漏斗状の花径の束）をつけると言われているが、四国の寒風山でそれと思ったシャクナゲを撮り、帰宅後、雄蕊の数や雌蕊の長さから同定することができた。また、シカの食害を免れているのは、葉や花がレンゲツツジと同じ有毒成分を含んでいるためである。

なお、シャクナゲは、ツツジ科ツツジ属の中で常緑性のものの一部を、シャクナゲと呼んでいる。

[4-415]黒金山 5/24

[4-416]鳳凰山 8/2

[4-417]寒風山 5/23

▼カニコウモリ

林床の野草は、太平洋側では、6月になるとミツバオウレンが咲く。ちいさな常緑多年草で素通りされるが、白い花をつけると目に止まる。白い花弁に見える5枚の顎片の中央に黄色の花を一個付ける。花が薬草のオウレンに似、葉が3枚あるのが名の由来。

真夏に咲くカニコウモリ[4-417]は、名の通りの蟹の甲羅に似た葉形をしており、60センチほどの茎先に円錐花序状に頭花を多数つけ、各頭花に3〜5個の清楚な白い筒状の花をつける。亜高山帯の林内で群生する代表的な野草だ。林縁や陽が届くところには、やや丈の高い野草の淡い紅色のシモツケソウや薄紫色のクガイソウ、白色の花のモミジカラマツソウが見られる。まず、シモツケソウ[4-418]。茎先に径4〜5ミリの小さな淡い桃色の花を散房状に無数につけ、花期が長く、秋には実と茎がサンゴのように赤くなる。名は下野（しもつけ）、現在の栃木県に多いことに由来。高山帯にも多く見られ垂直分布は広い。仲間に多雪地で丈が2メートルにもなるオニシモツケソウがある。つぎに、面白い

[4-417]空木岳 7/29

[4-418]北岳 8/2

名のクガイソウ[4-419]。目を引く青紫色の小さな花を長い穂状につけるが、名の由来は4～8枚の葉が何層にも段になって輪生する葉のつき方からである。さらに、カラマツソウの高山種のモミジカラマツソウ。花はカラマツソウに似ているが、葉がモミジの葉に似ているので、カラマツソウと容易に見分けがつく。

亜高山樹林上部の登山道の路肩にはゴゼンタチバナやイワカガミ、アカモノなどが姿をみせてくれると、森林限界の上への先導役と思いたい。が、これらはいずれも垂直分布が広い。ゴゼンタチバナ[4-420]は、6枚の葉に成長すると花びらに見える白い4枚の愕片の中央に黄緑色の細工の細かい小さな花をつける常緑多年草。真っ赤な実や地味な紅葉もよく、名のゴゼンは白山の御前峰でタチバナは実がカラタチバナに似ることから。イワカガミ[4-421]も常緑多年草で共に花期は6～7月だ。写真は花が横向きに咲き、葉が丸いので高山種のコイワカガミ。アカモノ[4-422]は、野草でなく小低木だが、ここに置かしてもらう。30センチ以下の高さで花冠の長さは7ミリとやや大き

[4-419]北岳 8/5

[4-420]中ノ岳 7/21

[4-421]空木岳 7/30

く、赤色の顎をつけた鐘形の白い花を下向きに咲かせて群生する。分布は本州中部では日本海側に片寄っている。名の由来は径6ミリほどの赤い実に和名「赤桃」をあて、それが転じた。その赤い実をシロモノ（別名シロタマノキ）の実とコンビで覚えるとよい。シロモノの実は径1センチと大きめだが、花は地味だ。

[4-422]ニセコ 6/19

さあ、いよいよ森林限界だ。

だが、そこに入る前に、留意点を挙げておくので目を通してほしい。

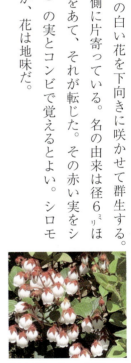

・山歩きを始める前に

巷に登山入門書が溢れ、テレビでも山歩きの番組が増えている。したがって、独学で知識を習得して登山を身に付けていくことも可能だと思う。しかし、限られた時間で、山を楽しく安全に楽しむためには、しっかりした山岳会や登山サークルに入ることが早道だ。それができない方は、経験者と一緒に行動しよう。山行の狙いや場所を他人任せでなく自身で考えて経験を積むことが大切だ。縦走かピストンかの登山形式、時期、日帰りか小屋泊などの登山の企画に主体的に関わることが出来れば、しめたもので立派な登山者だ。そしてさらに経験を積んで、山を「正しく恐れる」ようになって欲しい。忘れてならないのは、登山は目的の地点まで登り、安全に目的地に降りて初めて完結するということだ。それには体力はもちろん、気力の配分にも気を配る必要がある。「降りは登りより楽だから」は間違いで、山の事故は降りる時が圧倒的に多い。

現在、ウェブ上で、ガイドが参加者を募っておこなうツアー登山が盛況である。この登山は、登る山、ルート、難易度、装備等は周知出来るものの、参加各人の体力や技量、そして集団への適用力や下山後のスケジュールの余裕度合いの差については正確に把握するのは難しい。登山経験を積むと問題点が明らかになると思う。２００９年7月のトムラウシ山遭難事故からも学びたい。

次に、独学登山のまずい例をひとつ紹介。春の越後駒ケ岳の7合目付近で、ツボ足で下山中の一人の若者とすれ違った。スキーで登るこちらの姿を見て、若者は「スキー板は下にデポして来ちゃいました。もっと上から滑れるんですね」と残念がっていた。山頂から林道まで滑り降りたら若者に追いついた。汗びっしょりで消耗している様子で、見るとスキー板にシールが付いていたので尋ねたら「シールを付けたまま滑って降りた」とのこと。確かにシールを付けて降ることは稀にある。それはホワイトアウトの中でパーティの離散防止や地形確認しながら慎重な行動をする時だ。視界が利いて安全が確保できればシールを外すのが正解。スキー本来の機能を生かせて安全に速く、楽しく行動できるからだ。

・・登山に適した時期

日本の夏は湿度が高いため、暑さは以前より東南アジアの熱帯に負けないと思っていた。更に、地球温暖化の影響で１９９０年半ば以降、夏に最高気温が35度以上の猛暑日が全国で急増し、野外行動が危険となる日が増えたこと、初夏から初秋の集中豪雨が増えたことから、次の二点を提案したい。

ひとつ目は、真夏の低山への入山（登山、トレッキング）は避けるということだ。日本はこれまで、夏日、真夏日、猛暑日の高温注意報のみで暑さを決めてきたが、２００６年から気温より遥かに影響が大きい湿度（相対湿度）を主軸にした熱中症の危険度の指数：「暑さ指数（ＷＢＧＴ）」[注1]の予報等を開始し、２０２１年からはＷＢＧＴが33を超えると予測されると前日17時と当日5時に「熱中症警戒アラート」を発表するようになった。

日本の平地の屋外でＷＢＧＴの33以上は「危険」な状況を示しており、標高の低い山での行動は熱中症になる危険が大であるから避けるべきである。

注1　暑さ指数

熱中症予防を目的として１９５４年にアメリカから提案された指標で、運動環境や労働環境の指針として有効性が認められ、国際的に規格化された。夏季の登山計画に有効な指標となる。

屋外での暑さ指数=０・１×乾球温度＋０・７×湿球温度＋０・２×黒球温度（輻射熱の影響）の式で算出される。この式から、湿度が気温より遥かに影響が大であることが解る。湿度が高いと体から熱が外に出にくくなり、体内に熱がこもりやすくなるためだ。

暑さ指数28以上で「激しい運動は中止」、31以上で「運動は原則禁止」（以上、日本スポーツ協会の運動指針）とし、33以上が「危険」となる。それが予想されると、国は２０２１年から「熱中症警戒アラート」を始めた。表から運動が原則禁止の暑さ指数31を見ると、湿度70％・気温32℃と湿度30％・気温40℃が同じになる。

ふたつ目は、初夏と秋の雨季に増えてきた線状降水帯による大雨の回避だ。天気予報を適切に判断し、線状降水帯の発生予測の恐れがある時は、登山の中止や入山時だったらエスケープルートで下山を急ぐか、小屋に避難など的確に判断しなければならない。雨災害は、登山道の崩壊や沢の渡渉不能、橋の流失など、重大な事態に直結する。一旦、発生すると翌日復旧とはいかず、停滞を余儀なくされたり下山ルートを変えざるを得ないことも起こり得る。

これらから、登山の適期は山が牙をむくことの少ない早春から入梅までと、秋霖後の秋、そして冬となる。早春の色んな木々が芽吹き、花を咲かせて、山全体が明るくなる「春もみじ」と、絢爛豪華な「錦織の紅葉」や「草もみじ」の短い期間だ。そして太平洋側の冬だ。そこは天気に恵まれ、地面まで日が差し込む明るい落葉のたっぷりの林が待ち、頭上の枝先には春を待つ新芽のふくらみや梢を飛び交う小鳥達にも出会える。降雪の恐れは天気予報を慎重に判断すればよい。以上の時期は、湿度が低く好天が続くので、日本の夏山の３Ｋ（汚い・臭い・きつい）と無縁な快適な山歩きができる。

・・登山道

山に入る時に頼りになるのが国土地理院の地図。しかし、ほとんど利用されていない道が載っていたり、地図に無いのに標識やテープの付いた道が存在することを知っておこう。つぎに注意したいのは、里から樹林に入るまでの僅かな距離の草地や渡渉した河原などで、初夏から夏の短期間にススキやイタドリなどの丈のある草が繁茂して道を消してしまうことだ。なので、最初はガイドブック等で紹介されている主要ルートを選ぶのが無難だ。地元の自治体担当部署に問合せて「その道は、ほとんど使われていないので情報はありません」といわれたら、地元山岳会の方を紹介してもらって情報を入手する手もある。それが不可なら情報が得られるルートに変えよう。さらに、ブナ林やカラマツ林などの秋から冬には、健全で浸食されていない登山道が多量の落葉で消されることも要注意だ。また人工林では林業作業者の通る作業道も交差しており、誤ってそこに入らないことだ。誤りに気づいたら間違った地点まで引き返すことが大切だ。遭難の何と四割が道迷いであるに留意されたい。標識が不完全な山はＧＰＳを使ったアプリの利用が有効。

登山道の整備と維持管理について簡単に触れると、わが国の登山道の多くは、山岳信仰や峠を介した生活道といった歴史を持つ道から、登山者の便宜のために個人が切り開いた道まで千差万別だ。国立公園など自然公園法の網がかかる登山道は、国や地方自治体が行うとなっているが、実際は山小屋の人達や山岳ボランティアの善意によるところが大といってよいし、その他の一般登山道に至っては、管理体制は未整備といってよい。登山道から恩恵を受けるだけでなく、登山道のあり方や法整備に関心をもつ登山者でありたい。

・・登りと降り

狭い登山道ですれ違う際どちらが優先か？　人気の山の主要ルートは登山者が多く幅が広い所もあるが、一般の登山道の多くは狭くどちらかが道を譲ることが求められる。そのようなところでは、登る人のリズムを狂わせない心配りから、降る人が登る人に道を譲るのがマナーだ。その際、登る側は自分のペースを保って登ってよく、登りを急いでペースを乱すのは避けたい。そのためには待つ側が、必要以上に手前で止まらないことも肝要だ。登りの人は、道を譲った人に「ありがとう」と挨拶を忘れずに。

ハシゴやクサリ場では、逆に降り優先だ。かつ、万一、降りる人が落ちても転落防止になる谷側に立つ配慮も欲しい。大人数のパーティの場合は、パーティの分散や通過時間帯の考慮など、一般登山者に迷惑とならない配慮が必要となる。

・・右岸と左岸

登山中に沢の両岸に道が分かれ「右岸の道を選べ」といわれたら、下流から見て右岸と思ってその道へ。沢登りで左岸を登るとあるガイドブックを読んで下から見た左岸を登ったらどうなるか。取り返しのつかなくなる恐れがあり、基本中の基本だから正確に覚えたい。

正しくは、上流から下流に向かって見ての左右である。著者は京都の左京区、右京区の左右から覚えた記憶がある。区の左右は内裏から街を見て決められている。船も同じで、船長の居る船橋から前方を見て右舷、左舷。山も登山者が主《あるじ》となって下方を見渡してと覚えよう。

・・トレッキングポールかステッキか

伸縮式か折りたたみ式のトレッキングポールの2本使いかステッキの1本使いが選択肢となるが、ある程度の登り降りを長い時間歩くのであれば、前者がお勧め。まず、ストラップ（手を通す紐）の下から手を通し、ストラップと一緒にグリップを握ることで、3点支持とバランスがとり易くなること、登る時に短くして上半身の力を使えば推進力が得られること、降る時は長く調整すれば、ポールの先端を狙った場所に挿せて下半身の負担が軽減できる等のメリットがあるからだ。それには、正しく握ること、状況に合わせて長さの統制がポイントであるが、無頓着の方が多い。写真撮りや水補給で手をフリーにしたければ、ストラップに手を通したまま握りを解けばよい。身から離さないので置き忘れの心配もない。難所では躊躇なくポールを締めてリックサックと背中の間に斜めに差し込めば、両手は完全にフリーにできる。T型グリップのステッキは、著者は山では薦めない。

・・クマ避け鈴

クマよけ鈴は、名の通りクマによる事故防止に有効である。クマの聴力がヒトより高いので、こちらの存在を知らせ避けてもらうためだ。しかし、登山者が多いところでクマ避け鈴やラジオで音を出しながらの行動は、他人に迷惑となるので気遣いが必要だ。日本人は、古来より潮騒や松風の音、小鳥のさえずりを楽しむ繊細な感覚を持っている。それを求めて山に来ている人もいることに留意したい。要は状況判断が大切だということだ。私は、本州のツキノワグマは、百名山のような人が多い山では必要以上に危険視することはないように思う。しかし、北海道のヒグマは、非常に危険なので単独行は避け、クマ避けスプレーも持参したい。利尻島のように、ヒグマのいない所もあるので、調べて安全な計画を。

・・虫害対策

登山者にとって不快で危険な虫も、自然界にとっては欠くことができない存在なので、包容力を持ちたいと思うのだが厄介な問題である。咬まれたり刺されるのを防ぐには、完全に足を覆う靴・長ズボン・長袖・帽子・手袋を着用し首にはタオルを巻いて肌の露出を少なくするのがよいのだが、日本の夏山は湿度が高く蒸し暑いため簡単ではない。熱中症に留意する必要もある。加えて、ヒトが吐き出す炭酸ガスや汗の臭いが害虫の誘因となることも厄介だ。顔廻りを防ぐには帽子の上からすっぽりかぶる防虫ネット、少量の水で患部を洗えるペットボトルシャワー、ステロイド外用薬、抗ヒスタミン軟膏を準備し、黒っぽい服はハチや蚊を寄せ付けてしまうので、白っぽい服が有効となる。

まず、吸血性アブとブユ（ブヨ）、ヤブカ、ハチでは、大きなアカウシアブとその半分サイズのウシアブ、そしてブユは、いずれもメスが産卵時の栄養源として皮膚を噛み吸血する。ヤブカのメスも針を皮膚に刺して吸血する。受粉に大きく貢献してくれるハナアブ類は無害。ブユに似た大きさで顔の周りを飛び回り、目にも飛び込むクロメマトイは吸血しないが迷惑な存在。ハチは追い払わず、身を潜めて静かに撤退することである。

次いで、ヤマヒル、マダニ。ヤマヒルは、痛みを感じさせないで体重の10倍以上もの量を吸血するが、人間にとっては僅かな出血量なので命にかかわることはない。マダニは体長1ミリ位でシカや野ウサギなどの野生動物の血を吸って里山に生息し、ヒトにも吸着して噛みつくことでウイルスや細菌が体内に入る。春から秋の活動期には草むらや藪などに入らないよう注意しよう。

最後に春から夏にかけて多いドクガ、マツカレハ、イラガなどの毛虫。刺されると強いかゆみや赤いブツブツができ、激しい痛みを伴うことがある。虫から抜けた毛に触れただけでも症状が起るので厄介だ。ドクガの毛に触れたときは、すぐにセロハンテープで毛を取り除き、せっけんとシャワーで洗い流したい。マツカレハやイラガの針は目で見えるので、ピンセットなどで取り除いて治療する。

余滴5 民間人が切り開いた登山道

まず、南アルプスの大倉新道だ。一代で財閥を築いた大倉喜八郎は、事業のため買い集めた山域にある赤石岳に登るために静岡から大井川上流の椹島（さわらじま）までの70キロの道を整備した後、椹島から赤石岳への登山道と小屋をつくらせ1926年、数え90歳の時に背負子に背負われて大名登山をした。その道は、現在も主要ルートで使われている。

次に北アルプスの伊藤新道。技術者だった伊藤正一が戦後、北アルプス最深部に小屋を建てるために下の拠点から一日で登れる道が必要となり足かけ10年をかけて1956年に完成させた高瀬川上流の湯俣から三俣小屋に至る10キロ弱の道だ。これにより黒部川源流域に雲の平小屋、三俣小屋、水晶小屋を建てたが、高瀬ダムの悪影響（貯水による山体膨張で斜面崩落）もあり83年に廃道となっていた。がしかし、2023年に息子さん圭とその子供三代で40年ぶりに再建させた。

最後は、北アルプス北端から日本海へ至る長大な縦走路の栂海（つがみ）新道だ。糸魚川市にあるデンカの青梅工場の技師だった小野健（早大山岳部OB）が、仲間と六年かけて1971年に完成させた。白馬岳の北にある朝日岳から、親不知付近に至る全長27キロ、累積標高差四千メートルの道で、踏破に必要な小屋二軒もセットで造っている。

余滴6　山岳宗教と境界

飯豊山：地形的には福島と新潟、山形との県境は、飯豊山の5㌔東方の三国岳にあるが、三国岳から福島県領地が飯豊山を含み、7・5㌔の御西岳の先まで入り込んでいる。江戸期まで主ルートで会津領地として認められていたが、戊辰戦争を経て明治となり、会津領地の入り込みが廃止となった。が、長い所有争いを経て明治の末に「国の『江戸時代の戻す』の裁定」を得て元に戻った。

鳥海山：山形と秋田の県境の山と思われるが、明治元年、出羽国は羽前（山形）と羽後（秋田）に分割された際に、千年以上の歴史を有する鳥海山大物忌神社の山頂本殿と二ケ所の里宮が山形県東にあり。山全体を神体とすることから、地形を無視して県境が定められたようだ。

一方、秋田の1930年制定した県民歌は「秀麗無比なる鳥海山よ……」で始まる。

大岳山：奥多摩三山の大岳山にも、その名残をみることが出来る。桧原村白倉（しらくら）集落の大岳神社脇から馬頭刈（まずかり）尾根経由で山頂近くの大岳山神社脇から山頂に登るのが昔からの登山路で現在も使われている。地図を見ると山頂神社や登山路を領地内に収めるため、馬頭刈尾根を乗っ越して桧原村を北に拡大させている。

第五章　もたらしてくれた偽高山帯・高山帯

・高山帯の醍醐味

偽高山帯のブナ林や亜高山帯の針葉樹林の上部でダケカンバが多くなるとやがて高木のトンネルを抜け、遠くまで見通せる草原に出る。そこを「森林限界」[5-1]と呼び、そこから上部が偽高山帯[5-2]か、あるいは高山帯[5-3]となる。

視界が突然に開け、登山者は登りの疲れを忘れて歓声を上げる所だ。高木が無くなるのは、冬の豪雪と強風、そして低温のために高木が育つことができないからで、山の表面は常緑のネマガリダケとハイマツの緑のジュウタンに、お花畑をつくる小低木と野草、雪渓と雪田、そして岩稜、裸地がモザイク状に広がる別天地になる。

[5-2] 飯豊連峰 7/31

[5-3] 雪倉岳から立山・劔岳 8/6

[5-1] 空木岳 8/3

そこには、まず、高山帯と似た景観の高原湿原があるので、これから始めたい。

・・高層湿原

この湿原の出現は、第二章の通りで豪雪地の寒冷な山の平坦地において、水中のミズゴケが枯れて泥炭化し、それが長い年月をかけてつくりだしたものだ。本州中部から北の日本海側の偽高山帯や亜高山帯の各所に分布するが、高層湿原の前段階の中間湿原や低層湿原も混在し、各湿原の水質の違いで生育する花も違うので、一緒に楽しみたい。雪が消えると低層湿原にはミズバショウやリュウキンカ、中層湿原にはイワイチョウ、高層湿原にはミツガシワなどがまず咲く。つぎにハクサンコザクラ、ヒナザクラが続き、初夏にはニッコウキスゲ、キンコウカ、ヤマリンドウなどが一面に咲く。そして夏の池塘は、ワタスゲやモウセンゴケなどに縁どられる。そして秋の草もみじも見事である。

そこに身を置くと、偽高山帯のものは高木がないので見通しが

［5-4］虎毛山 7/13

［5-5］火打山 10/10

良く[5-4]、亜高山帯のものは縁をオオシラビソやダケカンバなどの高木が囲む[5-5]。

▼ミズゴケ

湿原の生みの親であるミズゴケ[5-6（周囲の細い葉で丈が低い野草）]は、独特の構造の茎と葉からなる。主茎は上に伸びるが、枝は四方八方に出す。葉は光合成を行う葉緑細胞と光合成を行わない透明細胞が交互に並び、透明細胞の中が空洞で多量の水を貯えることができる。

モウセンゴケ[5-6（中央の黄茶色の野草）]は、全国の低地から高層湿原まで生育する珍しい食虫植物。名にコケが付いているがコケではなく種子植物だ。小さな杓子みたいな葉の表面一面に長い粘毛があって、その先端から香のある粘液を分泌させ、それに誘われてとまった小昆虫を粘毛と葉が包むようにし捕獲して消化吸収する。

▼ミツガシワ

ミツガシワ[5-7]は、雪が消えた池塘で小さな5弁の花を10～20輪も

[5-6] 栂池高原 8/9

[5-7] 焼石岳 7/8

つける水性植物で、ピンク色の蕾と白い花が一緒の房（花序）で見られる花だ。名は3枚の葉がカシワの葉に似ていることによる。また、シカの大好物で特に好きな根っこを掘り返すために被害が大きい。これに似た白色のしわを持つ小さな花の塊を付け6月から咲くイワイチョウは、葉がイチョウの葉に似ることによるが、秋の黄葉の見事さがイチョウのそれに似るほど見事なことも名の由来とも云われ、草もみじの黄色を担う。いずれも氷期の生き残り植物といわれている。

　ヒナザクラ[5-8]とハクサンコザクラ[5-9]は、共に雪融け後の日本海側の湿地や雪田跡に咲き、よく群生する。前者は、白く小さな花で、分布は東北の西吾妻山から八甲田山の山に限られる。ヒナザクラの名は、他のサクラソウの仲間より花が小ぶりなのが由来。後者の花の色は紅紫色で、分布は白山を南限とし飯豊山まで。

▼ワタスゲ

　7月の見晴らしのよい高層草原に、各茎先に白い丸い綿毛1個つけて群になって無数に浮かんで風になびくワタスゲ[5-10]は、

[5-8]焼石岳 7/8

[5-9]中ノ岳 7/13

[5-10]虎毛山 7/13

花ではなく、果穂だ。花は、小さな卵形の黒っぽい小穂で1ヶ月ほど前に咲くが目立たない。似た花にサギスゲがあるが、1本の花径に数個の果穂をつけるので区別できる。

・・緑のジュウタン

偽高山帯や高山帯の地表は、緑のジュウタンが多くを占めるが、その中に花が楽しめる小低木と野草の草原、それに雪田、砂礫地等がモザイク状に混じっている。それを春から秋の移り変わりを見てみよう。

　まず、[5-11]の二枚の写真をご覧頂きたい。右が6月上旬の飯豊連峰の大日岳。左が7月下旬の越後三山の中ノ岳の状況である。共に、日本海側の偽高山帯の山で、標高2000《メートル》程であるが、豊富な雪が

[5-12]北股岳 6/7

[5-11]偽高山：(左) 中ノ岳 7/21　(右) 大日岳 6/7

残っている。6月7日、大日岳を撮った北股岳の風衝帯（稜線や山頂の風上側斜面の強風で雪が吹き飛ばされるところ）の日当たりのよい草地では、丁度、ハクサンイチゲ[5-12]が満開であった。

7月21日の中ノ岳では、雪融けの後に咲く夏

①ハクサンコザクラ

②タテヤマリンドウ

③シナノキンバイ

④サンカヨウ

⑤ツガザクラ

⑥ハクサンフウロ

⑦オオバキスミレ

⑧シラネアオイ

⑨コバイケイソウ

⑩ハクサンチドリ

⑪ゴゼンタチバナ

⑫ショウジョウバカマ

[5-13-1]中ノ岳＜湿地・草地＞

の花々[5-13-1]、[5-13-2]で賑やかであった。この中で①ハクサンコザクラ、④サンカヨウ、⑦オオバキスミレ、⑧シラネアオイ、⑯タニウツギは日本海側に多い花だ。①は[5-8]と[5-43]も、③、⑥、⑨、⑬、⑰、⑱などは184ページの高茎草原の花[5-35]も参照されたい。また、樹木と野草に区分すると、草原では⑤のツガザクラのみが小低木で、他は野草。稜線では⑭ウラジロヨウラク、⑮ハクサンシャクナゲ、⑯タニウツギと低木が多い。⑤は[5-30]、⑮は[4-416]、⑯は[4-111]も参照願う。この中で特筆したいのは多雪地の申し子のような⑫ショウジョウバカマだ。雪の下で葉を伸ばし、雪が消えるに従い、花茎を10センチほど伸長させて次々と咲くのでユキワリソウとも呼ばれる。花が終わると果茎を30～50センチも伸ばして果実をつける。花火のような花は淡紅色から濃紅色と幅があるが

⑬ニッコウキスゲ

⑭ウラジロヨウラク

⑮ハクサンシャクゲ

⑯タニウツギ

⑰ミヤマシシウド

⑱イブキトラノオ

[5-13-2]中ノ岳＜稜線上＞

鮮やで形もよい。名は、花の色を架空の赤面怪獣ショウジョウの顔の色に、下部の葉を袴に見立てて付けたという。名づけた方に脱帽だ。この花は里山から偽高山まで分布が広い。

このように、偽高山帯の山は、規模は小さいものの多様な高山植物に恵まれている。そしてこれが高山帯の花と相前後して咲くので、日本の山のお花畑の領域を広げてくれているのである。

次に、高さがヒトの背ほどの緑のジュウタンの春から秋の移り変わりを見てみよう。ここには、ブナ林にあったサクラやツツジ、ナナカマド、カエデ、ハンノキ、ナラ、ヤナギなどの樹木の高山種が低木となって緑のジュウタンの中に各々、混じり合っている。しかし、春から夏までは、景観に陰影をプラスしてくれる程度で地味な存在である。それでもサクラの高山種のミネザクラ[5-14]は初夏に淡い紅白色の小さな花をつけて楽しませてくれる。が、葉も一緒に出るので下界のサクラのような派手さはない。他は、[5-13-2]にあった⑭と⑮のツツジ科のウラジロヨウラクとハクサンシャクナゲ、それに、夏に熟して白い綿毛をまとうミネヤナギの雌花[5-15]などで、近寄れば目を楽しませてくれる。

緑のジュウタンに目を見張る変容が起こるのは秋だ。緑のジュウタン

[5-14]秋田駒 6/16

[5-15]岩手山 7/7

[5-16]高妻山 10/11

[5-17]室堂 9/27

[5-18] 八海山 10/8

のハイマツやネマガリダケのエバーグリーンに混じっていたナナカマドの仲間やサラサドウダン[5-16]などが鮮やかな赤色、ダケカンバやミネカエデ[5-17]、ミネヤナギが明るい黄色に変化して「錦織の紅葉」[5-18]をつくり上げるのだ。これとほぼ同時か少し早く草地では、小低木や野草のオータムカラーによる草もみじ[5-19]が始まる。さらに、本州の３０００メートル、北海道の２０００メートルクラスの山では岩稜や裸地の黒やグレーが加わる。

もみじ日本一と云われている北アルプスの涸沢[5-20]で、次のような話を聞いたことがある。「昔、夏から滞在して描きまくっていた画家がいた。しかし、秋の色の饗宴が始まると、筆が止まり、『また来る！』といって去り、下山中に事故死してしまった」というのである。著者は、もみじが見事過ぎ、すご過ぎて、どう描いたらよいか手が動かなくなり、それを自問しながら下山中に事故を起こしたのではと思っている。そ

[5-19] 草もみじ：（左）大雪山系赤岳 9/18　（右）室堂 9/27

れぐらい圧倒的な姿になるのだ。

他方、遠望の山の「三段紅葉」という楽しみ方もある。秋の偽高山や北アルプス北部の常緑の亜高山帯針葉樹がないところで見られる。上部の冠雪の「白」、中腹の紅葉の「赤」や「黄」、そして山麓の人工林の「緑」の3色が、同時に山を彩る景色をいう。これなら登らずに見て楽しむことができる。

▼ネマガリダケとハイマツ

偽高山帯や高山帯の緑のジュウタンの主役は、ネマガリダケとハイマツだ。ネマガリダケ[5-21]は高さ1～2メートルのササの一種で、タケではない。分布は日本海側から東北の標高の低いブナ林から始まりオオシラビソの林、そして高山帯に至るで、垂直分布はハイマツより広い。北海道では平地から繁茂する。密に生育し、冬の間は雪の下で倒伏して雪に寒さを守ってもらい、春に素早く立ち上がって、他の植物の発芽・生育を押さえて繁殖する。強風への対応力は、ハイマツより高い。しかし冬に猛烈な風のあ

[5-20] 涸沢（引用・J）

たる風衝帯の植被（地表面を覆った植物）をも剥ぎ取るようなところや雪渓、雪田で遅くまで雪が残る所はさすがに生育できない。花は50年とか70年に一度、群落全体が咲き、実をつけて枯死するという。この時は林床に陽光が届くので樹木の実生のチャンスだ。また、その旺盛な生育力は登山道を消失させる厄介者でもある。登山道の手入れを怠ると繁茂して踏み跡を消してしまう。さらに懸念しているのは、お花畑への浸食が見られることだ。2000メートルに届かない偽高山帯の谷川連峰にも、各所に小さなお花畑が点在するが、年々、ササっぽくなってお花畑が縮小している。

ハイマツ[5-22]は、南アルプスの光岳を南限、白山を西限とし、中部山岳では標高1800メートル以上の高山帯に生える丈が1～2メートルの針葉常緑低木のマツである。強風を逃がし、雪の重みで折れないように、幹や枝に柔軟性を持たせている特異な木である。名の通り地に這って長さは8～15メートルにもなる。匍匐した幹や枝から根を出しても成長するので、極めて長寿の木だそうだ。マツボックリは前年の夏に咲いて球果となり、翌年に成熟する。登山者に人

[5-21]焼ヶ岳 10/15

[5-22]蝶ヶ岳 10/13

気のライチョウは、この中を住み家としている。
ハイマツもネマガリダケも、適地ともなれば、山を密に覆い尽くすために、沢登りの藪漕ぎや沢に降る際も苦しめられることがある。通常、高さは1～2メートルだが、場所によっては3メートル以上にもなり、密生するためだ。

▼ミネカエデ

前述のミネカエデ[5-17]は、普段はハイマツに混じって目立たないが、秋に明るい黄色に豹変してハイマツの緑に対して、際立った色の対比をみせてくれる。本州中部から北海道の亜高山帯から高山帯に分布し、カエデの仲間でもっとも高いところまで生育する。高さは高山帯では2メートル程度の低木であるが、亜高山帯では小高木になる。寒波がくると足早に色褪せてしまうので、見頃が短時間なのが惜しい。

ナナカマドは第四章のブナ帯の林と亜高山帯の林に続いて三度目の登場。「錦織の紅葉」で赤の中心的存在であるナナカマドの仲間には、ウラジロナナカマドとタカネナナカマドの2種類の高山種がある。高さが10メートルにもなりブナ林から広く分布するナナカマドと比べると高山種は1～3メートルと低いが、紅葉はより鮮やかで燃えるような色となる。また、花や実の数や付き方が違う。違いのポイントは、

★花の付き方：タカネのみ横向きで平開せず。他は上を向いて平開。
★実のつき方：ウラジロのみ上向き[5-23]につき、他は下に垂れる。
★葉形：ウラジロのみ、先端が尖っておらず長楕円形[5-24]で、表面の光沢なし。（[4-322]と比較されたし。）

著者の好みは、実が上向きにつき、花径が太く姿勢のよいウラジロナナカマドだ。

[5-23]大天井岳 10/12

[5-24]高妻山 10/11

・・お花畑

著者は、若い時は「高山の花は、可憐な花を咲かせてくれる野草」と漠然と思っていた。ところが、植物オタクの山仲間から「高山帯の厳しい環境下では、小低木が野草と一緒に花畑をつくっている」こと、そして「木と草の差は、単に根や茎に形成層があるか否かで決まり、そんなに大きな差ではない」ことを教えてもらい驚いた記憶がある。しかし、それを知ると50年以上も区分しながら鑑賞するのが身についてしまった。

なので、本書では小低木と野草を分けて、生育環境別に辿ってみたい。また、図鑑ではないので数百種を超える中から筆者の気にかけているものや好むものに限らせてもらうことを、お断りしたい。

[5-25]岩手山 7/7

▼チングルマ

高山帯に入り、高茎草原（次の▼ハクサンイチゲを参照）を通り過ぎて乾燥したところに入ると、チングルマ[5-25]が現れる。雪田のまわりにもよく見られ、立派な樹木である。高さは10センチ止まりで、立ち姿も葉も野草に似ているが、黄色の葯（雄蕊と雄蕊の集まり）を中心に、ウメのような白い大き目の5弁花を咲かせるバラ科の広葉の落葉小低木だ。夏から秋には果実に無数の羽毛状の毛を付けて風に乗せて遠くまで運ばせ、晩秋には、渋い赤色のワインレッド[5-26]

[5-26]チングルマの移り変わり　（右から）蕾、毛付の実、草もみじ

となって草もみじの赤を担い、そして落葉して長い雪の中でじっと春を待つ。まさに千両役者だ。多年草と一緒に咲いているので、花に興味のない登山者には、野草と思われることだろう。名は、花の後にできる長い羽毛状の毛がついて実を、稚児車に見立てたものが訛ったというが、ガッテンだ。

その雪田の上部や周辺で、雪融けが早くてすぐに乾燥する急斜面には、常緑矮小低木のいずれも高さ20センチほどのアオノツガザクラやガンコウランが群落をつくる。アオノツガザクラ[5-27]は、長さ5ミリほどの壺型で淡黄緑色の花を下向きに多数つけるので目立つ。名の由来は青っぽい花のツガザクラ（[5-31]参照）。東北から北海道には、淡紅色の花をつけるエゾノツガザクラ[5-28]があり、両者の群落が隣り合う様は素晴らしい。いずれもツツジ科の花だ。他方のガンコウランは、越冬した赤みのある葉の間に夏山シーズンより早く花が目立たない形で咲くので、一般の登山者には馴染みが薄く、1センチ近い大きな黒紫色の丸い実の方がご存じと思う。その実は甘酸っぱくおいしい。漢字表記は岩高欄で名の由来はよくわからないらしいが、

[5-27] 飯豊山 8/1

[5-28]大雪山赤岳 7/14

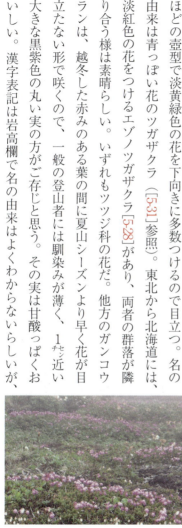

ツガザクラの仲間と違う種類なのに、葉の形や枝へのつき方を見ると、線形の小さな針葉樹みたいな葉を、密に直接枝につけるのは似ている。常緑で数年間、何度も越冬するために寒さや乾燥に耐えるためなのだろう。

シャクナゲの仲間で最も高所に生育する広葉常緑のキバナシャクナゲ[5-29]は、革質の大き目の葉を密集させて地を這い、初夏に漏斗形の径3センチほどある大きい花をつける小低木だ。場所によっては単独で大群落をつくる。

さらに上部の冬に厳しい風が当たる風衝帯の岩間や礫地で7月頃から咲くのは、さらに矮小化し野草のような姿をした小低木達だ。ミネズオウ、ツガザクラ、イワヒゲ、ジムカデ、ウラシマツツジなどの多くのツツジ科とイワウメなどで、共通

[5-29]（引用・K）

[5-30] 秋田駒 6/17

[5-31] 銅山超え 5/23

[5-32] 岩手山 7/7

[5-33] 大天井岳 10/12

[5-34] 岩手山 7/7

して、葉柄は短いか無く、葉は密で針状か線状、若しくは、分厚い革質で寒さや乾燥に耐えそうな形をしている。花は鐘形か壺形で下向きに咲き、常緑のものが多い。ミネズオウ[5-30]は、5ミリほどの花をツツジ科では珍しく上向きに平開する。葉が針葉樹のツガに花がサクラ色から付けられたツガザクラ[5-31]は、鐘形の淡紅色の花に濃紅色の苞がついてその対比が美しい。イワヒゲ[5-32]の葉に至っては、1〜2ミリの小さなウロコ状の葉が、紐状に伸びた枝に密に付く。この中で、広葉の葉を持つのは、ウラシマツツジとイワウメだ。ウラシマツツジ[5-33]は、珍しい落葉性広葉樹で、8月末には早々と草もみじの赤を担う。イワウメ[5-34]は、常緑の分厚い広葉の小さな葉を、岩にびっしり貼りつかせ、ウメに似たやや黄緑色を帯びた上品の白色の花を平開させる。

これらの小低木の姿は、過酷な環境に適合するために、地上部は矮小化し、葉の形を工夫し、大きい根や地下茎部分を持っているようだ。また、受粉に協力してくれる昆虫のサイズにマッチした花を付けたり、実にリスや鳥に餌としての魅力を持たせたり、風に運んでもらえるよう工夫をこらしている姿に感心する。

そして、次から野草となるが、これまでの小低木に負けずに雪融けから夏までの、瞬間的ともいえる暖かく穏やかな短い期間に生育・開花・結実を一気に遂行する多年草だ。

▼ハクサンイチゲ

夏の偽高山帯や高山帯の雪が吹き溜まる東側斜面で意外と早く出会うのは、日本の山で最も美しいといわれる高茎草原のお花畑[5-35]だ。それは、丈の高い（概ね80センチ～1メートル）広葉の色んな多年草からなる。風下の沢状地形で雪崩の頻度が高いために樹木は育たず、かつ、雪融けが早く湿度の高い所に見られる。おもな花は、ミヤマシシウド、コバイケイソウ、シナノキンバイ、ニッコウキスゲ、ハクサンフウロ、クルマユリ、クロユリ、オヤマリンドウ、シモツケソウ、それにアザミやトリカブトの高山種などだ。ここでは花畑なので同じ場所で同時に多くの花が楽しめる。また、場所によって種類が変わるので、隣の高径草原の花畑に行くと異なる花を見ることもでき、さらに高所のカールや雪蝕地形の湿気の高い所でも見られる。

［5-36］空木岳 7/31

［5-37］西吾妻山 9/14

［5-35］白山 8/5

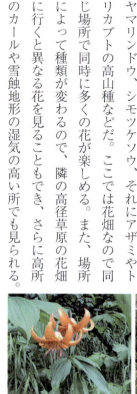

中でもミヤマシシウドは雪融けから夏までの僅かな間に、2～3メートルもの丈となって大きな複散形花序を咲かせるすごい早業師だ。毒草で小さな白い花を多数総状に付けるコバイケイソウは、数年に一度の当たり年にはお花畑の近くで大きな群落もつくる。シナノキンバイは花びら（萼片）の内側が蝋質で光り輝いて見え、黄系の花の多い中でひときわ目を引く。ラッパ状の黄橙色を付けるニッコウキスゲ、紅紫色の優美な花を付けるハクサンフウロ、立ち姿が目立つトラノオの仲間も個性豊かである。クルマユリ[5-36]は名が茎に輪生する葉を車輪の幅《や》に由来するユリの高山種で、鮮やかな黄赤色の花をつける。クロユリは名の通りほぼ黒色の花を咲かせ山の歌で名高い。オヤマリンドウ[5-37]は他の仲間が低い丈なのに際立って背丈があり、花は晴れた日中に先端を僅かに開くだけの変わり者。シモツケソウは前章の[4-418]を参照されたし。

　高茎草原より上部の少し乾燥気味の草地には、高茎草原の野草の半分の丈の30～40センチほどの多年草が現れる。ハクサンイチゲ、ハクサンチドリ、キンコウカ、

[5-38] 飯豊山 7/31

[5-39] 岩手山 7/7

タカネコウリンカ、ミヤマダイコンソウ、ウサギギクなどで、ここに著者が好むハクサンイチゲ[5-38]がある。名は、雪が消えて一番に咲く意味だろうが、著者にとってもナンバーワンの花でもある。まず花の品のある白色と形がよろしい。そしてやや丈がある茎にぐるりと付けた深緑の葉の上に茎を伸ばして一輪か数輪の5弁の花を　つける姿もよい。径2センチほどの白の花びら（萼《がく》）と中心の黄色の雄蕊、緑色の雌蕊の組み合わせが絶妙に思う。また、一面に咲く様も素晴らしい。雪融けの後に咲くので、雪渓や雪田が遅くまで残る所では、9月になっても楽しめる。中ノ岳にもあったハクサンチドリ[5-39]は、高山のランの仲間で一番華やかな花をつける。中央の左右に大きく開く側萼片《そくがくへん》が千鳥の飛ぶ羽のように見えるのが名の由来だ。中央上部の裂片も長く伸びて鋭くとがり、下部の唇弁の先端は3裂する。その詳細をご覧頂きたい。タカネコウリンカ[5-40]は、黄色の頭花を黒褐色の総苞が包み、そのコントラストが強いので目立つが、シカの忌諱植物。ミヤマダイコンソウ[5-41]は、鮮黄色の5弁の花をつけ、秋には葉は見事なワインレッドになり、小低木のチングルマと一緒に草もみじの赤部分を担ってくれる。丈が低く花も小さなタテヤマリンドウやミヤマリンドウ[5-42]は

[5-40]雪倉岳 8/6

[5-41]小蓮華山 8/5

[5-42]雪倉岳 8/6

目立ちにくいが、ひとたび花が目に入れば、鮮やかな青紫色で引き付けてくれる。

雪田の近くの湿地にはハクサンコザクラやクルマユリなどが群落をつくるが、雪が消えてから、冷え込む秋のまでの時間により場所が決まるようだ。[5-43]では雪融けが早かった所を手前のチングルマが占め、雪融けが遅れた所をハクサンコザクラが占めている。しかし、8月まで雪が残ったところは、日照時間が不足のため植物の生育は不可で、裸地のまま冬を迎える。

日当たりがよい乾燥地では、丈が40センチほどの黄金色の小さな花を茎の先端に集めるミヤマアキノキリンソウ[5-44]、丈が30センチ程で全体が白い綿毛におおわれ白い頭花を濃い紅色の総苞が包むタカネヤ

[5-43] 鉢ヶ岳 8/6

[5-44] 八方尾根 8/11

[5-45] 鉢ヶ岳 8/6

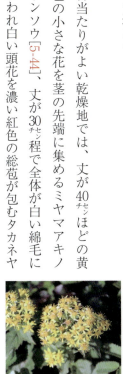

ハズハハコ[5-45]をあげる。同じ環境に多いウスユキソウの高山種については、192ページの余滴7で触れたい。

稜線近くの夏の砂礫地では、イタドリの高山種のオンタデ[5-46]やオヤマソバが登場する。前者は丈が1メートルにもなり、巾広い大きな葉の雌雄異株で、茎頂の円錐花序に黄白色の小花（雌蕊）か淡紅色の小花（雄蕊）を密につける。後者は、前者の半分の丈程で、細く小さい葉で黄白色の両性花をつける。秋には、共に黄葉し、他の野草に比べると丈が高く葉が大きいので存在感がある。先端が細かく裂けた優美な花のタカネナデシコ[5-47]は、繊細に見えるが厳しい環境に分布する。丈が30センチのウルップソウ[5-48]は肉質の艶のある大きな葉と、太い花柄の先に青紫色の多数の花が集まった円柱形の花穂をつける頑丈そうな姿の花だが、花期は7月とやや早い。発見地の千島列島のウルップ島が、名の由来だ。そして、丈が30～40センチでは、紫色系の花で色の変化が多いのがタカネマツムシソウ[5-49]は秋の到来を告げる花だ。丈が20センチほどで珍しい淡黄色の花をつけるトウヤクリンドウ[5-50]の花期は遅く、旧盆の頃以降である。ウルップソウとトウヤクリンドウの分布は、ごく狭いのが残念だ。

[5-46]鉢ヶ岳 8/6

[5-47] 鉢ヶ岳 8/6

[5-48]白馬岳 8/5

さらに高度が上がると、丈はより低くなる。白い花では丈20㌢以下のイワツメクサ[5-51]とミミナグサ[5-52]の似た花に出会う。花弁の裂け方に違いがあり、前者が5弁枚の花弁が深く裂けて10枚に見えるのに対し、後者は5枚の花弁がまず2列し、さらに裂片が2~3列する手の込みようだが、どちらに軍配を上げるかとなると、清楚さでイワツメクサか。鮮やかな黄色の花ではタカネスミレとその近似種のクモマスミレだ。タカネスミレ[5-53]は丸い艶のある分厚い葉を持ち、分布が岩手山と秋田駒ケ岳に限られる。姿が似て分布が広いクモマスミレの葉には光沢はない。共に他のスミレと違い、

[5-49] 八方尾根 8/11

[5-50]杓子岳 8/7

[5-51] 南駒ケ岳 8/4

[5-52] 北岳 8/5

高山の砂礫地に生育する。タカネニガナ[5-54]もよい。青紫色の花では、ミヤマオダマキ[5-55]が、やや下向きに花をつけ、立ち姿が美しい。そしてチシマキキョウ[5-56]とイワキキョウ[5-57]だ。前者の花冠は毛があり3センチ以上と長く、横向きでやや半開きに咲く。後者は花冠が短めで毛はなく、やや上向きに咲く。

さらに、この上部は環境が厳しくなり、ヒゲハリスゲ帯と呼ばれる真の高山帯となるが、北、南アルプスと富士山の標高３１００メートル以上と大雪山の僅な場所に限られて、植生はカヤツリグサ科やイネ科の仲間のみとなって、見栄えはしない。

花の分布は、山により異なるし、同じ山でも、尾根ひとつ隔てれば全く様子が変わることもある。北岳はお花で名高いがすぐ隣の間ノ岳はサッパリだし、白馬三山の稜線は白馬岳がダントツだが南の二山と北に隣接する鉢ヶ岳方面では種類が変わり賑やかさも変わるといった具合だ。面白いのは四国の赤石山系で、標高僅か１３００メートルの銅山超えで、見事なツガザクラの群落が各所に見られる。また時期は年により、

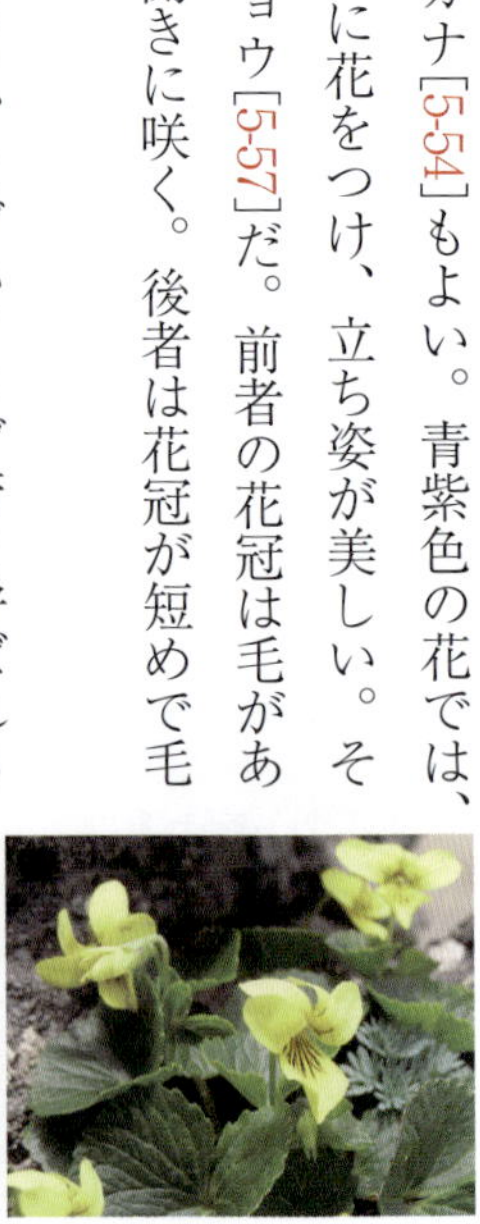

[5-53]岩手山 7/7

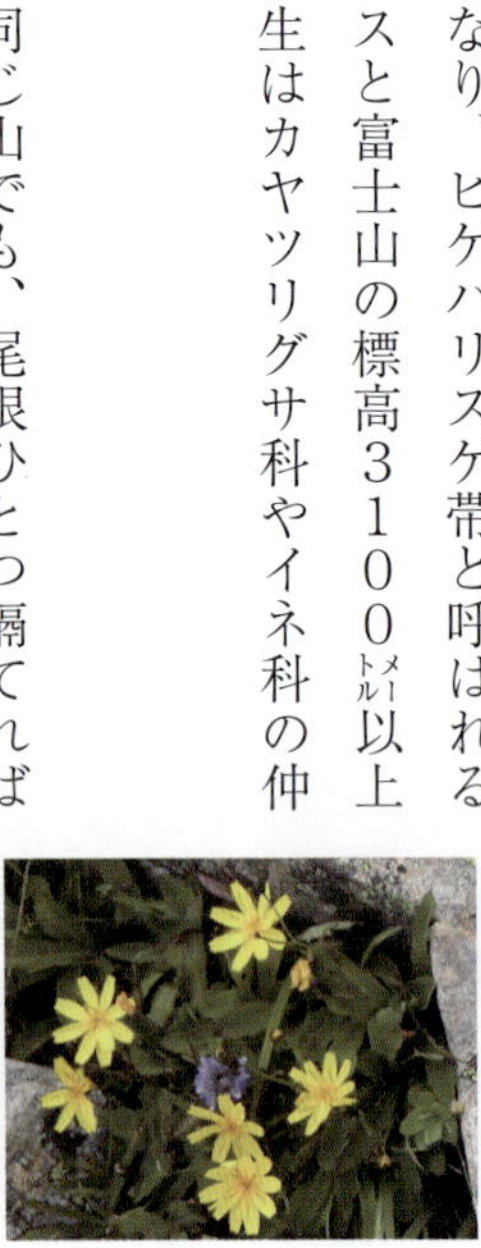

[5-54] 岩手山 7/7

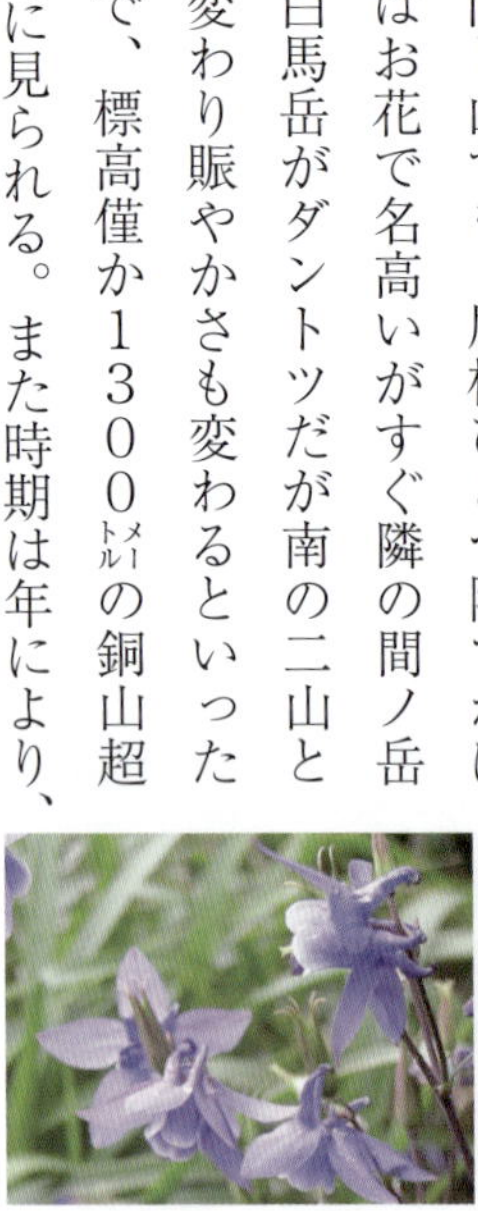

[5-55]礼文島 6/22

また、同じ年でも10日ずれると見られる花が変わるので同じ年に繰り返し登ることもよい。さらに、特定の花目当ての山行は、場所や時期の事前調査をしっかりしたい。

▼コマクサ

最後に、他の花が育たないような厳しい場所にきれいな花を咲かせることから「高山植物の女王」とも呼ばれるのがコマクサ[5-58]だ。強風で雪が付かないために凍結溶解を繰り返す高山の風衝帯で、保水力が乏しく乾燥して動く砂礫地となる所がある。そこでは普通の植物は生育が難しい。そんなところに丈が10センチほどのケシ科のコマクサが生育する。根の長さは50センチ～1メートルに達して移動に耐え、細かく分かれた葉は、高山に多い霧が付きやすい形をして、根と共に水分を得やすくしているようだ。葉は紛白色を帯びた独特の色で遠くからも目立つ。淡紅色の花は名の由来の馬（駒）の形をしており面白い形だ。そして花をつけるまで9年とか10年も要するという。コマクサが群生する山は、西から木曽

[5-56] 雪倉岳 8/6

[5-57] 岩手山 8/7

駒ガ岳、乗鞍岳、燕岳、蓮華岳、白馬岳、八ヶ岳、草津白根山、蔵王連峰、岩手山、秋田駒、そして大雪山の赤岳などに限られる。コマクサを食草とするのが、大雪山の高山蝶ウスバキチョウ（天然記念物）の幼虫だが、卵から羽化まで2年を要するという。木曽駒ガ岳では、昭和の始めまでに薬草として採り尽くされて絶滅し、草津白根山から長年かけて移植したものだという。そのため、ここのコマクサの花は紅色だ。

［5-58］岩手山 7/7

余滴7 ウスユキソウとエーデルワイス

日本には6種4変種ものウスユキソウの高山種が、礼文島のレブンウスユキソウから中央アルプスのヒメウスユキソウまで種を分けて分布している。深田久弥は「日本百名山」で朝日連峰のヒナウスユキソウを、「一面に咲き敷いていて、それこそ牛にでも食わせたいほどの繁茂ぶり」と記している。

一方、スイスとオーストリアの国花で、アルプスの三大名花の一つのエーデルワイスは、小屋や宿先で鉢植えや吊鉢のものはよく見かけるが、山の中ではめったにめぐり逢えない。過去の乱獲や家畜の食害で100年以上前に禁止となっても回復していない。

だが、この花は元々ヨーロッパに分布していたわけでなく、氷河期に、シベリアから渡った花で、本家は東アジアとのことだ。ヨーロッパのエーデルワイスの仲間の1種3変種がそれを物語っている。

余滴8　ライチョウとホシガラス

　ホシガラスは高山帯と亜高山帯を跨いで生活するのに対して、ライチョウは高山帯のみに暮らすが補完関係を持つようだ。ホシガラスはカラスの仲間でカラスよりやや小型で地味であるが美しい鳥だ。高山帯にあるハイマツのマツボックリを割って取り出した好物の実を、亜高山帯の森につくった巣にセッセと運び子育てし、天敵の少ない残雪期に卵を孵して育てる。さらにハイマツの実を大量に飲み込んで、冬に食べるべく地面や樹木の割れ目にその実を埋め込む習性があるという。

　ライチョウは氷河時代の生き残りで、高山のハイマツ帯にすむ特別天然記念物の鳥だ。餌は昆虫、高山植物の芽や花、実、柔らかい葉などだが、ハイマツの実も好む。しかし、自らのクチバシでは、ハイマツのマツボックリは割れず、ホシガラスが割って食べた残り物にあり付いているという。

あとがき

最後までお読み頂きありがとうございました。

82歳になって振り返ってみると、山歩きは中学の時に登った巻機山に亜高山帯林が無いナゾ解きから始まった。社会人になって、すぐ解けると思って北アルプス北部に行ったが一筋縄ではいかないことが分かり、素人がナゾに立ち向かってよいのだろうかと躊躇したことが懐かしい。が、歩き回ると豪雪と強風が山の植生分布や地形づくりに大きくかかわっていることが分かって山歩きが面白くなった。同じ高さの山でも日本海側と太平洋側では植生が異なり、日本海側の偽高山帯の山では低いところで高山の花に会えるし、低山でも雪食地形の岩山にも出会える。これは降り積もった豪雪が全層雪崩を繰り返して山腹を削り取り、木や草を除去して硬い岩が露出した山で、新潟県に限っても1000メートルクラスで越後山脈の只見川上流域の山々や、上越市の権現岳、糸魚川市の明星山などがあり、ナゾ解きのヒントとなった。

また、建築設計が生業なので、色々な木材を使う機会があり、その木の姿や樹皮、枝ぶり、葉っぱなどにも興味があったので、用途と共にやや踏み込んでみた。社会問題となっている花粉症の主な原因が、スギ、ヒノキの人工林の未利用にあり、その背景も知って頂きたい。

次に、地球温暖化である。1975年から2005年まで30年続いた5月中旬の谷川岳近傍の芝倉沢スキー山行も、仙台に移住して大きな標高差を滑れるコースが4本もある岩木山を知り06年のGWから恒例化した合宿が9回目の15年で打ち切らざるを得なかったのも、いずれも急激に加速した温暖化によるものだった。芝倉沢は、年々、主稜線からのデブリが沢底の滑るところを圧迫したためだったし、岩木山では、まず胸をすく急斜面を持つ南面の百沢コースが滑れなくなり、次に最大標高差を誇る弥生コースの中間にある滝が露出してしまい、地元山岳関係者によるコース維持が困難になった結果なのだ。直前の問合せに「今年はたっぷりあるから大丈夫」で集まっても滑れない年もあり、地元の方でも判断を誤ってしまう始末。故郷からは「今年は雪が少ないので稲作の水不足が心配」の知らせも届く。今世紀末の冬期五輪の雪上競技は、これまでの開催都市で再開催できるのは札幌とその他、一ヵ所との報道もある。温暖化が進むと降雪量は減るものの、ドカ雪の危険が増すことや、海水温が上昇して猛烈な勢力の台風や雨量が増えるとの研究が出されている。当然、漁業や農作物への影響も深刻になる。そこで私は古墳小氷期や直近の小氷期(室町時代から明治初めまで)の再来を期待するが、既に小氷河期到来の気温低下を上回る温度上昇に至っている。CO_2除去や成層圏に微粒子をまいて太陽光制御などを合わせて駆使せざるを得ないと思うと、各地域や国の利害の調整の難題が待ち受けよう。

三番目は休暇取得だ。ここ20年余り、冬の週日のニセコの山中で逢うパーティは、外国人のみだ。春休みには日本の学生も来てくれてホッとするが、それ以外は外国人の天国なのだ。大学一年生の時にスキー検定一級合格の際、準指導員に進むよう勧められたが社会人となって僅かな有給休暇を講習会等に当てなければならないとの危惧から、辞退したことを思い出す。それから60年も経った現在でも、わが国の休暇取得状況は変わっていない。69歳の時、最後と思って7泊のCMH（Canadian Mountain Holidays）に参加した。多くの国から来た現役世代と滑った滑走標高差は4万3千メートル（料金保証の標高差滑走距離は3万メートル）だった。ところが宿で滑走標高差ワンミリオンメートル達成者に与えられるワッペン付のアウターウェアを着ている客を見かけた。一シーズンに複数回参加して15～20年も続けないと達成不可能なので、現在の日本の現役世代ではとても無理だと思った。最近、ようやく働き方改革が叫ばれているが出産・育児の期間に留まっている。他の先進国のように何時でもまとまった休暇が取れる社会を目指したいものだ。

最後に長く山を続けられたことについて。マンネリに陥っていた60歳近くになった頃、同期の仲間から「冬の無意根山に行こうよ」と声がかかり2000年の58歳で飛びついた。中心となってくれた同期三人の内、二人は他界してしまったが、残る倉持寿夫氏がOB会会長の傍らこれを10年も続けてくれ、さらにその二代後の森 康会長も10年続けてくれた。ほぼ同時期に、二回り近く若い丸谷聖一、船木上総の両氏が始めたニセコ・バフバフ合宿にも63歳から入れてもらえた。この四人のお陰で覚醒でき、80歳を超えた今でも、好奇心をもって雪山に向き合えているので、名を記して深くお礼申し上げたい。

バフバフ合宿はその後、森氏が引き継いでしばらく続けてくれて終了。20年から新幹事が自炊設備のある五色温泉で合宿形態を山班、ゲレンデ班、湯治班に広げており、そこにもお世話になっている。また、行動派が続いた歴代の若い関東支部長には、東北の八幡平、鳥海山、岩木山や富士山、御嶽山など、厳冬期から6月までのスキー山行でお世話になってきた。23年の81歳を最後とした冬の無意根山行は、途切れることなく今年から新幹事の許で再開している。このように良い企画と実行、そしてそれを継続、発展させる人材を搬出する当会を誇りに思っている。一方、無雪の山は春から冬まで単独行で、日本アルプスは小屋泊まり、他はツエルトを持って楽しんでいる。

２０２４年7月

田村　正

参考文献

鈴木牧之「北越雪譜」岩波文庫2001年
沖津進「本州中部山岳森林限界付近のダケカンバ萌芽株」千葉大園学報第44号141-146（1991年）
大森博雄・柳町治「東北山地における主要樹種かの温度領域から見た「偽高山帯」の成因」第四紀研究30（1）1991年
島野光司「日本海型ブナ林における雪の働き」植物地理・分類研究47巻2号1999-12-30
鈴木貞雄「日本タケ科植物図鑑」聚海書林1996年
岩澤正平・瀬尾央「東北南部の山々」山と渓谷社1996年の中の小泉武栄寄稿「風景ウオッチング③」
アルペンガイド別冊「山歩きのための山名・用語辞典」山と渓谷社1988年
山縣耕太郎・島村信幸「新潟・長野県境付近における偽高山帯の成立条件」日本地理学会発表要旨集2012
小泉武栄「「山の不思議」発見！謎解き登山のすすめ」ヤマケイ新書2016年
松岡憲知・泉山茂之・楢本正明・松本潔編「山岳科学」古今書院2020年
山根甚信「若き日のハンス・コラー先生」北大季刊第15号（昭和33年）別刷
中浦皓至「日本スキーの発祥前史についての文献的研究」北大大学院教育研究科紀要84、85-106 2001-12年
北大山岳部・山スキー部・ワンダーフォーゲル部「北海道大学の山小屋」2006年
北大山とスキーの会「北大スキー部100年・山スキー部50年（1912~2012）記念誌」2019年
大矢康裕「山岳気象遭難の真実」山と渓谷社2022年
串田孫一「日本百名山」新潮文庫2003年
新井和也「日本の高山植物400」文一総合出版2010年
工藤　岳「日本の高山植物」光文社2022年
林　弥栄編「日本の野草」山と渓谷社2006年
林　弥栄編「日本の樹木」山と渓谷社2016年

森林研究所のウェブサイト
林野庁東北管理局のウェブサイト
森林・林業学習館のウェブサイト
あきた森づくり活動サポートセンターのウェブサイト
岐阜県森林研究所のウェブサイト

引用文献・写真および写真撮影者

[1-11] 小泉武栄・清水長正編「山の自然学入門」古今書院より引用加筆・略称A
[1-14] 全林協編「森林インストラクター入門」より引用・略称B
[2-1] 小泉武栄「「山の不思議」発見！謎解き登山のすすめ」より引用・略称C
[3-0] 鈴木牧之「北越雪譜」より引用・略称D
[3-1]（右上端）：森康
[3-3]（中央の5連続）／[3-5]（3段目中央）／[3-16]（右連続）井上利昭
[3-4]（2段目中央）倉持寿夫
[3-9] 蒔苗耕司
[3-14] 阿部幹雄
[4-103] 田村堅太郎
[4-115] 横浜市こども植物園のウェブサイトより引用・略称E
[4-116]／[4-407]／[5-6]／[5-47]：カウカル ロベルト
[4-304] 東北森林管理局のウェブサイトより引用・略称F
[4-313]／[4-315] あきた森づくりサポートセンターのウェブサイトより引用・略称G
[4-337] tabi & pho-log vol1 より引用・略称H
[4-340] 青梅観光協会のウェブサイトより引用・略称I
[5-19]（大雪山赤岳）：在田一則
[5-20] 涸沢ヒュッテのウェブサイトより引用・略称J
[5-29] 山と渓谷オンラインのウェブサイトより引用・略称K
他の図表、写真は著者の作成および撮影

著者略歴

田村　正（たむら　ただし）

1942年新潟県生まれ　1964年北海道大学体育会山スキー部卒部
同年 同大学工学部建築工学科卒業

山歴：社会人になって子供の時からの巻機山の謎を解きながら山歩きを始める
60歳の頃に山スキー再開と偽高山帯文献により覚醒して、これを期に豪雪と強風により出現した日本の山に新鮮に向き合う
海外はカナディアンロッキー、ヨーロッパアルプスなどに計13回

職歴：1964年 ㈱竹中工務店に入社。東京本店設計部に30年余り所属し、建築設計に従事
おもな作品
・1978 上高地帝国ホテル［79年度BCS賞］
・1979 ホテル紅葉館［81年度BCS賞］
・1987 東宝日比谷ビル（日比谷シャンテ）［89年度BCS賞］
・1992 浜町センタービル（明治座）
1998年～2007年 宮城大学 事業構想学部デザイン情報学科教授
2007年東京で 田村正・空間設計室を開設し現在に至る

資格等：㈳北海道大学山とスキーの会会員、
一級建築士、博士（工学）、宮城大学名誉教授

豪雪と強風の贈り物

2024年11月28日　初版第1刷発行

著　者　田村　正
発行所　株式会社 牧歌舎 東京本部
〒101-0064 東京都千代田区神田猿楽町2-5-8 サブビル2F
TEL 03-6423-2271　FAX 03-6423-2272
https://bokkasha.com　代表：竹林哲己
発売元　株式会社 星雲社（共同出版社・流通責任出版社）
〒112-0005 東京都文京区水道1-3-30
TEL 03-3868-3275　FAX 03-3868-6588
印刷・製本　ベッセルプリンティング（株式会社ベッセル）

ISBN 978-4-434-34789-4　C0026